10대,
나만의 꿈과
마주하라

**진짜 나를
찾아 떠나
는 여행**

10대,
나만의 꿈과
마주하라

강다현 지음

글라이더

| 차례 |

『10대, 나만의 꿈과 마주하라』는 학생들을 위한 지은이의 교육적 노력과 열정이 유쾌하게 녹아 있는 책으로 자기 발견의 기회와 다양한 진로 탐색의 길라잡이가 되어주고 있다. 특히 구체적인 목표설정이 중요한 학생들에게 다양한 정보와 사례를 통해 학창시절 소중한 꿈을 실현할 수 있도록 동기를 부여하고 있다.

– 부산교육대학교 교수 정성우

학생을 진정으로 사랑하는 교사가 본인이 느낀 것을 학생들에게 나눠주고 싶어 쓴 글로 호소력이 있어 가슴을 매만진다. 많은 아이들과의 깊은 상호작용을 통해 나온 진솔한 이야기들은 자연스럽게 꿈에 대해서, 나의 정체성에 대해서 진지하게 고민하게 만든다. 자기 성찰이 필요한 사람들에게 큰 힘이 되어줄 수 있는 글. 특히 요즘 세상을 살아가는 청소년들에게, 나의 사랑하는 제자들에게, 강력히 추천하고 싶다.

– 한국과학영재학교 교사 최은영

얼마전 뉴스에서 학생들의 선호 장래희망을 조사했더니 절반에 달하는 아이들이 공무원을 뽑았다고 전했다. 그밖에 '건물주', '부자'라고 적었다는 소식은 교육현장에 있는 한 사람으로 쓸쓸함을 느끼게 한다. 알파고가 바둑을 두는 시대에 기성세대는 무작정 열심히 공부하고 좋은 성적을 받으라는 식의 교육을 강요한 건 아니었을까? 이런 시대에 꿈쉐프 강다현 선생님의 책은 청소년들에게 다정한 멘토가 되어주리라 확신한다.

– 그래픽디자이너/한국과학영재학교 교사 박주영

한밤중에 꾸는 꿈(dream)은 나의 의지와 무관하게 다가올 수 있지만, 내가 스스로 찾아가는 꿈(wish)은 무엇을 바라고 무엇 때문에 원하며 무엇을 통해 좇아갈 수 있는지에 따라 항상 변할 수 있는 역동적임을 느끼게 하는 소중한 경험의 자산이 담겨 있다. 이 책은 오직 책상 앞에서 한 밤의 꿈과 같은 목표를 가진 청소년들에게 살아 숨 쉬는 꿈을 꾸게 하는 전환점(turning point)이 될 것이라 생각한다.

– 부산과학고등학교 교사 이창현

꿈을 이루어 내는 것에 초점이 맞춰 쓰여진 책과 성공한 사람들의 조언은 홍수처럼 쏟아지고 있지만 정작 그 꿈을 어떻게 찾아야 하는지 친절하게 가르쳐주는 책이 있었는가. 이 책은 그 꿈을 정면으로 바라보고 꿈의 본질을 이야기해준다. 과중한 학업의 부담과 경쟁이란 혹독한 환경 속에서 가짜 꿈과 선망으로 오해된 꿈을 꾸며 더욱 불안한 미래를 설계할 수 밖에 없는 지금의 청소년들에게 이 책을 꼭 추천하고 싶다. 성공의 수단이 되는 꿈이 아니라 내 삶에 행복이 되는 진짜 꿈을 찾아주는 열쇠가 될 것이다.

– 몰운대초등학교 교사 이유정

꿈이라면 누구나 그리는 그림이다. 그러나 그 그림은 쉬우면서도 어려운 그림이다. 더구나 그 꿈은 어떻게 숙성을 하고 또 현실적으로 가능한 것인지 고민을 해야하는 문제를 안고 있다. 꿈을 그리는 과정에는 어떠한 요인으로 꿈이 형성이 되고 그 방향으로 막연하게 좇아갈 수도 있다. 매우 복잡하고 정교한 지도가 필요한 사안이라고 판단된다. 만약 '꿈 지도사'라는 전문직업군이 있다면 그 직업군은 매우 중요한 영역을 담당하는 분야라 할 수 있을 것이다. 개인이거나 국가의 미래설계의 과정이기도 하다. 이 책은 꿈을 그리는 청소년들에게 꼭 필요한 지침서로 활용될 것이라 믿어진다. 저자에게 봄꽃 한다발과 격려의 박수를 보낸다.

- 시인 윤정순

진로에 대한 뚜렷한 비전없이 막연히 '공무원'이 되겠다. 또는 '공대'에 진학하겠다는 학생들이 많은 것이 학교 현실이다. 이 책은 아이들이 진로 결정에 있어서 마주하는 막연함과 진로 결정 방법에 대한 현실적인 이야기를 많이 담고 있다. 많은 학생들이 이 책에서 알려주는 정보들을 바탕으로 빨리 꿈을 찾아야겠다는 조급함을 뒤로하고 차분히 고민의 시간을 가져봄으로써 청소년기에 진정한 꿈을 찾는 행운을 만나길 바란다.

- 부산진고등학교 교사 이근혜

"선생님,
저는 꿈이 없는데 어떡하죠?"

기말고사가 끝났다.

즐거운 겨울 방학을 앞둔 마지막 수업시간이었다.

"선생님, 설마 오늘도 수업해요?"라며 아이들은 강렬한 눈빛 레이저를 쏘아댔다.

이쯤이면 비장의 카드로 준비한 동영상을 꺼내야 했다.

얼마 전 TV에서 우연히 본 '김미경 특강'이었다. 동네 피아노 학원 원장에서 유명한 강연가가 되기까지 그녀의 인생이 녹아있는 열정적인 강연이었다.

나는 그녀의 열정 가득한 강연을 보면서 감동을 받았다. 그리고 아이들도 나처럼 감동을 받길 기대했다. 아이들의 삶의 태도가 당장 바뀌는 모습을 상상하며 흐뭇해했다.

'너희들에게도 삶의 열정이 생겼겠지?'라고 생각하며 아이들을 바라봤다. 약간의 동요가 보였다. 좋은 명언을 들었을 때나 감동적인 영상을 보았을 때 뭉클해지는 그런 동요였다.

그러나 김미경 강사의 한 마디 한 마디에 감동 받으면서 연신 고개를 끄덕거리던 나와는 달리, 아이들은 다른 나라 이야기를 보는 듯했다. 머지않아 그 이유를 알 수 있었다. 그 후 많은 아이들이 나에게 상담을 신청했기 때문이었다.

"선생님, 그런데 저는 꿈이 없는데 어떡하죠?"

머리가 멍해졌다.

그랬다. 아이들에게는 꿈이 없었다. 아니, 꿈이 정확히 무엇인지조차도 몰랐다.

언젠가부터 '꿈'은 인생의 중요한 키워드로 부상했고 사람들은 '생생하게 꿈을 꾸면 이루어진다', '꿈을 위한 열정을 가져라'라고 말했다. '꿈'은 성공을 의미했다. 누구나 '꿈' 하나쯤은 가슴 속에 안고 사는 것이 당연하다고 생각했다. 하지만 꿈이 없는 아이들에겐 '꿈을 향해 노력하라'는 말은 '꿈이 없으면 실패자'라는 좌절감만 안겨줄 뿐이었다. 부모님, 선생님은 '네 꿈은 뭐야?'라며 꿈을 재촉했지만, 그 누구도 어떻게 꿈을 찾아야 하는지, 대체 꿈이 어떤 것인지 알려주지 않았다.

주위를 둘러보았다.

꿈을 찾지 못해 방황하는 아이들 못지않게 많은 아이들이 잘못된 꿈을 이정표로 삼고 달리고 있었다. 대개 공부를 잘하는 아이들은 꿈이 있을 것이라고 착각한다. 하지만 그들도 이정표 없이 달리고 있기는 매한가지다. 오히려 성적에 더 집착하며 진학에 급급해 한다. 성적의 좋고 나쁨에 상관없이 아이들은 모두 같은 고민을 안고 있었다.

나는 학창 시절부터 확고한 꿈이 있다고 생각했고, 친구들은 '꿈이 있는 나'를 부러워했다. 그게 내 착각이었다는 것은 꿈을 이루었다고 생각했던 20대 중반을 넘어서야 알게 되었다.

꿈, 이렇게 쉬운 한 단어가 왜 그렇게 어렵기만 한 것일까.

10대, 아이들이 꿈꾸지 못하는 것은 아이들이 부족해서가 아니다. 어른들은 '꿈을 위해 노력하라'는 이야기만 할 뿐, 꿈을 어떻게 찾아야 하는지에 대해서는 알려주지 않는다. 그들도 '꿈'이 무엇인지 알지 못하기 때문이다. 꿈을 그저 목표와 진로라고 생각한다. 꿈을 찾는 우리에게 직업백과사전을 내밀고 의미 없는 적성테스트 결과를 보여주며 직업군을 선택해준다. 하지만 몇 개의 객관식 답안지에서 우리의 인생을 고르기에는 어딘가 석연치 않다.

꿈은 목표 그 이상이다.

꿈은 진로 그 이상이다.

수많은 책에서 '꿈을 이루어라!'라고 말한다. 하지만 그 전에 어떻게 내 꿈을 찾아갈 것인지가 더 중요한 문제 아닐까?

1장: 진짜 꿈을 찾아가는 방법

청소년기에 들어서면 비로소 자신의 미래에 대해 진지하게 생각하기 시작하지만, 그 답을 찾기란 쉽지 않다. 우리가 흔히 꿈이라고 생각하는 목표나 직업은 꿈이 아니다. 다른 사람들의 화려한 삶에 대한 동경에서 생긴 꿈 또한 진짜 꿈이 아니다. 친구나 부모님의 말에 귀 기울인 꿈도 마찬가지다. 그렇다면 남의 꿈이 아닌, 나의 '진짜 꿈'을 찾기 위해 어떻게 해야 할까? 가장 중요한 것은 자신을 돌아보는 것이다. '나는 누구인가?'에 대한 성찰을 통해 자기 발견이 먼저 이루어져야 한다.

2장: 꿈을 찾기 위한 재료를 소개

우리는 꿈을 너무 쉽게 대한다. 꿈은 책상 앞에 앉아서 내가 원하는 직업을 검색해보는 것으로 하루아침에 정할 수 있는 문제가 아니다. 꿈을 찾는다는 것은 나의 진짜 모습을 발견하는 것이다. 이 때 두 가지가 필요하다. 꿈의 재료를 늘리는 것과 생각할 시간을 갖는 것이다. 여기서는 꿈의 3가지 재료와 자신을 돌아보는 시간으로써의 휴식에 대해 이야기 한다. 하지만 미래보다 더 중요한 것은 지금, 현재이다. 꿈이 없다고 해서 지금 주어진 시간을 함부로 허비해서는 안 된다. 2장의 마지막에서는 '지금 이 순간'에 대한 가치를 새겨본다.

3장: 청소년들의 실제 고민을 함께 나눠보는 시간

그 동안 만났던 다양한 사례를 5개의 큰 주제로 묶어보았다. 꿈이라는 두루뭉술한 주제보다는 진로를 결정할 때 현실에서 겪게 되는 실제적인 갈등을 중심으로 엮었다. 각각의 고민에 대한 답변이 여러분의 인생에 조금이라도 도움이 되길 바란다.

4장: 꿈보다 더 중요한 5개의 키워드를 소개

꿈이 있다면 우리는 인생의 답을 찾은 것일까? 꿈이 없다면 우리 인생은 방향을 잃고 방황하게 될까?

꿈을 찾았더라도, 혹은 아직 꿈이 없더라도 우리 인생을 더 풍요롭게 만들어주는 마음가짐에 대한 이야기이다. 세상에는 꿈보다 더 중요한 것들이 있다. 꿈은 절대적인 것이 아니며 언제든지 변화하고 성장한다. 또한, 꿈이 없어도 충분히 가치 있는 인생을 살아갈 수 있다. 여기서 소개하는 5개의 키워드를 잘 새겨두길 바란다.

5장: 꿈을 찾기 위한 경험으로써의 진로 체험

　단순한 경험을 넘어 실제로 도움이 되는 진로체험이 되기 위해서는 체험시간 못지않게 준비하는 시간도 중요하다. 또한, 미래에는 과연 어떤 직업들이 유망하게 될지 가볍게 살펴보고 이 책을 마무리 한다.

　공부하기 싫은 아이와 공부를 하지 않는 것이 이해되지 않는 부모, 그들의 갈등에는 무엇이 문제일까. 우리에겐 '공부' 이전에 먼저 풀어야 할 더 중요한 문제가 있는 것은 아닐까.

　"선생님, 그런데 저는 꿈이 없는데 어떡하죠?" 라고 방황하던 아이들이 "저도 꿈이 생겼어요! 덤으로 열정도 생겼어요!" 라고 말하게 되는 날이 오길 간절히 바란다.

2016년 4월

청소년 여러분들을 응원하는 꿈쉐프 강다현

Thanks to …

아이들을 가르치며 가슴속에 품어왔던 생각들을 책으로 풀어내게 된 것은 내 뱃속에 아이가 생기면서였다. 남이라 가볍게 던질 수 있는 말이 아니라 꼬물거리고 있는 내 아들 수민이에게 해주고 싶은 진심을 담았다. 이 책은 수민이가 내게 준 첫 번째 선물이다.

무한한 믿음과 변치않는 사랑을 보여주는 남편에게는 고마움을 그 어떤 말로 표현해도 부족하다. 믿고 바라봐 주는 것이 한 사람의 잠재력을 얼마나 끌어낼 수 있는지 알게 해주었고, 그 생각은 이 책에 고스란히 스며들었다.

책을 쓰면서 그 동안 만났던 많은 제자들이 생각났다. 그들에게 주었던 사랑보다 그들에게 받은 사랑이 훨씬 많았기에 내가 배운 것이 더 많았다. 교사가 되어 얼마나 행복한지 알게 해준 제자들에게 사랑을 전하고싶다.

부모가 되고 나서야 부모님의 사랑을 더 절실히 느낄 수 있었다. 한결같이 딸의 행복을 지켜보고 지지해주는 부모님께 감사드린다. 설레는 마음으로 대학 신입생이된 사촌 동생 민욱이에게 주저하지 말고 자신있게 세상을 탐험하라고 응원을 보내고 싶다.

마지막으로 부족한 원고가 세상의 빛을 볼 수 있도록 아낌없는 격려를 보내주신 글라이더 박정화 대표님께도 감사드린다.

1장

꿈을 찾아가는
방법

1
저는 꿈이 없는데요?

꿈 이야기

"초등학교 때 네 꿈이 뭐였는지 기억나?"

얼마 전에 만난 친구가 피식 웃으면서 물었다.

"응? 꿈? 글쎄… 선생님이 아니었을까?"

꿈이라… 초등학생 때는 꿈이 뭔지도 모른 채, 주변에서 많이 들어본 직업을 말하지 않았던가.

친구가 말했다.

"그때 네 꿈을 들었을 때 얼마나 충격적이었던지. 그때를 두고두고 떠올려보면 너하고는 안 어울리는 꿈이라는 생각이 절로 들더라. 어릴 때는 확실히 자신에 대해 아는 게 별로 없는 것 같아."

"대체 내가 뭐라고 했길래?"

"현모양처."

그 순간 둘 다 웃음이 터졌다.

현모양처라, 확실히 나하고는 거리가 먼 단어였다.

우리 대화는 자연스럽게 어린 시절 꿈 이야기로 이어졌다.

초등학교 때는 "네 꿈이 뭐니?" 라는 질문에 가장 자신 있게 대답하던 시기였을 것이다.

'대통령', '과학자'가 가장 많았다. 자신 있게, 마음껏 꿈을 꾸던 그 시절과는 달리, 중학생이 되고 나면 어쩐지 꿈은 아주 어려운 숙제로 다가온다.

꿈, 너무나도 당연한 고민

이상하게도 우리 사회는 누구나 큰 꿈을 마음속에 품고 있는 것을 당연하다고 여긴다. 꿈이 있는 사람은 성공에 한 발짝 다가선 사람이고, 꿈이 없는 사람은 마치 무언가 부족한 사람인 것처럼 바라본다. 그래서 꿈이 없는 사람들은 점점 작아진다.

먹고 살기 바빴던 시절에는 꿈에 대해 생각할 여유가 없었다. 산업사회를 거치면서 사회적으로 엄청난 부와 명예를 가진 사람들이 등장했다. 그들은 하나같이 꿈을 꾸었고, 그 꿈을 이루었다고 말했다. 그들의 성공스토리는 '노력'보다 '꿈'에 초점이 맞추어져 있다. 때문에 사회적으로 성공하려면 꿈이 있어야 된다는 인식이 퍼져나갔다. 꿈은 성공을 위한 수단이었다.

통계청 조사에 따르면 청소년들이 가장 고민하는 문제는 공부(성적과 적성)와 직업이다. 2014년도 〈13세~18세를 대상으로 한 청소년이 고민하는 문제)의 응답을 보면 공부와 직업에 관한 항목이 60%에 육박한다. 외모는 10%, 가정환경은 2%, 이성문제가 2.5%인 것에 비교하면 아주 높은 수치다.

물론, 공부와 직업에 대한 고민은 꿈과는 조금 다른 문제다. 하지만, 당장 통계만 보더라도 얼마나 많은 청소년들이 미래에 대해 고민하고 있는지 알 수 있다.

이것은 과연 사회적 문제일까?

아니다. 오히려 당연한 현상이다.

우리는 더 많이, 더 치열하게 고민해야 한다. 이것은 나만 겪는 문제가 아니다. 내 옆자리 친구도, 공부를 잘하는 친구도, 공부를 못하는 친구도, 우리 형, 누나도, 우리 부모님, 선생님도 모두가 자신의 미래에 대해서 고민하고 또 고민해야 한다.

꿈이 없는 것은 부끄러운 일도, 잘못된 일도 아니다. 불안해 할 필요도 없다. 아니, 오히려 '내가 뭘 할 수 있을지 모르겠어'라는 생각이 든다면, 지금 아주 잘하고 있는 것이다.

꿈의 발견은 곧 자기 발견

그렇다면, 왜 어린 시절 자유롭게 꿈꾸던 것과는 달리 갑자기 '꿈'이라는 단어가 무겁게 느껴지고 쉽게 풀리지 않는 고민이 되었을까?

그것은 청소년기가 되어서야 비로소 자신에 대해 진지하게 고민하기 때문이다. 어릴 때는 자신을 조망하는 능력이 없다. 하지만 청소년기가 되면 자아를 찾고자하는 욕망이 강해진다. 자신을 돌아보는 능력이 생기고, 자신의 적성과 재능에 비추어 미래를 고민하기 때문에 점점 꿈이 어렵게 느껴진다.

청소년기는 자아성찰을 통해 자기 정체성을 찾기 시작하는 시기이다. 스스로에게 '나는 누구인가?', '나는 무엇을 할 수 있는가?' 등의 질문을 던지기 시작하는 시기이다. 이에 대한 답을 찾아가며 자신에 대해 알아간다.

그렇다. 아직 시작점에 서 있을 뿐이다. 완성해야 하는 단계가 아닌 것이다. 이제 막 꿈을 찾기 위해 어두운 터널 속으로 들어온 것이다. 터널 속은 아무 것도 보이지 않는다. 때론 넘어지고 때론 잘못된 방향으로 가기도 한다. 하지만 결국 꿈이라는 빛을 찾게 될 것이다. 누구도 내 손을 끌어줄 수 없다. 자신에 대한 믿음으로, 홀로 나아가야 하는 길이다.

어두운 터널 속을 혼자 지나가야 하듯 '나는 누구인가?'라는 질문을 다른 사람이 대신해서 풀어줄 수 없다. 스스로에게 질문하고, 스스로 답을 찾으면 결국 자기 발견으로 이어진다. 이런 과정을 거쳐 자신에 대해 알게 되었을 때, 내면에서 꿈틀거리는 '진짜 꿈'을 마주할 수 있다.

꿈이라는 무거운 숙제를 짊어진 우리에게 가장 필요한 것은, 결국 자기발견이다. 자신이 어떤 사람인지 알기 위해 묻고 생각하고 답하는 시간이 절대적으로 필요하다. 청소년기 아이들에게 닥친 가장 큰 문제는 과열된 학구열 속에서 진짜 자신의 모습을 찾는 시간이 없다는 것 아닐까. 수학 문제를 푸는 것보다, 영어 단어를 외우는 것보다, 더 중요한 것은 자기발견이다.

꿈은 언제까지 찾아야 하나요?

그렇다면 꿈은 언제까지 찾아야 되는 것이기에 우리를 이렇게 초조하게 만들까?

나는 20대 중반, 이미 교사가 되고난 후에 제 2의 사춘기를 맞았다. 그때를 돌이켜보면 사춘기라는 말이 가장 적절할 것이다. 이미 대학에서 내가 하고 싶었던 공부를 했고 어릴 때부터 바라던 직장에 취직을 했다. 하지만 뒤늦게 생긴 물음표가 나를 괴롭혔다.

"정말 이것이 내 꿈이었을까?"
"이 길은 나의 선택이었을까?"
"나는 도대체 무엇을 하고 싶은 걸까?"

나에게 던진 이 질문들의 답을 찾기 위해 2년 동안 방황했다. 고민하고 또 고민했다.

2년 후 나는 답을 찾았을까?

아니, 찾지 못했다. 다만 이 고민은 평생 해야 되는 것이라는 답을 찾았을 뿐이었다.

그렇다. 꿈에는 데드라인(Deadline)이 없다.

운동선수로 성공하려면 일찍 운동을 시작해야 한다는 것이 일반적인 생각이다. 하지만 세계적인 발레리나 강수진은 중학교 2학년 때에 발레를 시작했다고 한다. 꿈 강의로 유명한 김미경 강사는 대학 4년 동안 음악을 전공했지만, 그녀가 대학을 졸업하면서 얻은 것은 '아, 나는 음악을 평생 할 사람은 아니구나!'라는 깨달음이었다고 한다. 내 꿈을 언제 찾는지는 중요하지 않다. 중요한 것은 스스로의 힘으로 찾고 있느냐 하는 것이다.

2
착각 1: 목표는 꿈이 아니다 (대학, 직장)

"너의 꿈은 뭐니?"

꿈이 무엇인지 물어보면 그 대답은 대개 세 가지로 나뉜다.

1. "아직 잘 모르겠어요."

2. "○○대학에 들어가고 싶어요."

3. "○○가 되고 싶어요."

1번 친구는 목소리가 기어 들어가고, 3번 친구는 자신감에 차있다. 누가 진짜 꿈을 가지고 있는 것일까.

지석이의 꿈

고등학교 1학년이었던 지석이는 꽤 열심히 공부했다. 그런데 가만히 지켜보니, 공부에 대한 열정은 많은데 삶에 대한 열정은 그다지 높지 않아 보였다. 그 미묘한 차이가 무엇인지 궁금했던 나는 우연한 기회에 지석이에게 꿈에 대해 물어보았다.

"제 꿈이요? 성균관대에 들어가는 거예요."
"왜 하필이면 성균관대에 들어가고 싶은데?"
"삼성에 취직하고 싶거든요."
"왜 삼성에 취직하고 싶어?"
"우리나라에서 제일 좋은 기업이잖아요."
"그럼, 거기서 뭘 하고 싶은데?"
"네?"
지석이는 잠시 머뭇거리다 대답했다.
"그거야 전 모르죠."

왜 좋은 기업에 입사하고 싶은지, 좋은 기업이란 어떤 곳인지는 둘째치더라도, 지석이는 자신에 대해서 얼마나 알고 있는 것일까?
성균관대에 들어가는 것은 지석이의 꿈일까?
삼성에 취직하는 것이 지석이의 꿈일까?
성균관대에 입학하고, 삼성에 취직하면 지석이는 행복할까?
만약 지석이가 대학에 들어간 이후에 삼성보다 더 크고 사원 복지 제도도 훨씬 좋은 기업이 나타났다고 하자. 그때에도 지석이의 꿈은 삼성에 입사하는 것일까?
또는 힘들게 성균관대에 들어갔는데 졸업할 때 삼성 입사에 대한 이점이 없어진다면 어떤 생각이 들까?

　2년 후 지석이는 성균관대에 입학하지 못했다. 성적에 맞춰 대학을 고르고 취업이 가장 잘 된다는 전공을 선택했다.

　안타깝게도 많은 친구들이 이와 비슷하게 미래를 설계하고 있다. 이런 현상은 공부를 잘하는 친구들에게 더 심하게 나타난다.

　아이들에게 꿈을 물어봤는데 왜 대학과 직업이 튀어나올까?

　꿈과 목표는 다르다.

　꿈 ≠ 목표

　꿈과 목표는 다르다.

　성균관대에 입학하고, 삼성에 입사하고 싶다는 것은 꿈이 아니다. 인생의 작은 목표일뿐이다.

　착각하지 말자. 희망 대학과 희망 직업은 꿈이 아니다.

　'나는 어떤 인생을 살고 싶은가?'

　'나는 이 일을 왜 하고 싶어 하는가?'

　이것이 꿈이다.

　꿈은 인생의 방향이다.

　지석이는 무슨 일을, 왜 하고 싶은지를 먼저 생각했어야 했다.

　가령 기계에 관심이 많아, 좀 더 편리한 기계를 만들고 싶다는 생각으로 미래를 설계하면 그에 맞는 직장과 대학을 선택할 수 있다.

어떤 일을 왜 하고 싶은지가 꿈이다. 그 꿈을 이루기 위해 선택한 대학과 직장은 목표이다.

지석이가 성균관대에 들어가서, 삼성에 취직하고 싶은 진짜 이유는 무엇이었을까? 그 정도면 사회적으로 인정받을 수 있다는 성공에 대한 갈망이 아니었을까.

꿈은 성공의 나침반이 아니다.
꿈은 인생의 나침반이다.
꿈을 찾는다는 것은
남들이 인정해주는 길을 찾는 것이 아니라
내가 걸어갈 길, 내가 행복할 길을 찾는 것이다.

진짜 꿈에는 열정이 따른다.

학교에서 우스갯소리로 하는 말이 있다.

"중학교 때는 서울대가 꿈이었어요. 고등학교 1학년 때에는 연세대는 갈 수 있을 줄 알았죠. 고등학교 2학년 때에는 국립대 정도는 갈 수 있을 것 같았는데, 고3이 되니 4년제만 들어가도 좋겠어요."

이렇게 기대치가 낮아지는 것은 큰 꿈을 가졌지만 그저 능력이 없었기 때문일까?

아니다. 진짜 꿈이 아니기 때문에 이 목표를 달성하기 어려운 것이다. 왜 그 대학에 가야하는지 스스로를 설득하지 못하기 때문이다. 남들이 좋다고 하는 곳에 가겠다는 것은 '나의 꿈'이 아닐 뿐더러 '나의 목표'도 아니다.

그것은 '남의 목표'이다. 많은 사람들이 꿈과 목표를 오해하고 있고, 나의 목표와 남의 목표를 착각하고 있다.

공부는 재미없고 힘들다. 인정한다. 우등생들도 하나같이 공부가 재미없고 힘들다고 말한다. 하지만 이러한 점은 공부 외의 다른 분야도 마찬가지다. 운동, 음악, 심지어 게임도 취미를 넘어 직업이 되면 재미가 없어진다. 더구나 최고가 되는 과정은 더욱 힘들다.

한참 게임 연습을 하던 프로게이머들도 이런 말을 한다고 한다.

"아, 너무 힘들다. 우리 조금만 쉬자."

"그래. PC방이나 갈까?"

하지만 이런 힘든 과정을 이겨내는 사람이 있는 반면 쉽게 포기하는 사람도 있다. 이겨내는 사람들은 타고난 독기가 있다거나 재능이 있어서일까?

그렇지 않다. 그저 좋은 대학에 가고 싶다거나 부모가 정해준 대학이 목표가 되면, 힘들 때 포기하면 그만이다. 스스로에게 능력 부족이라는 변명을 하고 목표를 낮추고 또 낮춘다. 실패의 원인은 자신의 능력 부족이 아니다. 내 꿈이 아니라 남의 목표를 좇고 있기 때문이다. 그래서 포기가 쉬울 뿐이다.

취업도 마찬가지다. 그 길만이 내 인생의 길이라고 믿고 달리는 사람과 누군가가 정한 길만을 따라가는 사람. 누가 합격할 지는 빤

하지 않은가? 후자는 쉽게 포기하고 목표를 낮춘다. 그런 후에 나의 능력 부족과 사회 현실 탓이라는 변명을 한다.

진짜 꿈은 열정과 도전이라는 새로운 능력을 준다.

진짜 꿈을 꿀 때, 지속가능한 실행력이 생긴다.

꿈과 목표는 열정의 차이만이 아니다. 목표는 이루고 나면 끝이다. 그 뒷이야기가 없다.

대학교 1학년 때 내 별명은 '밥순이'였다. 선배들과의 밥 약속을 수업보다도 중요하게 여겼기 때문이었다. 밥의 연장선은 술이었다. 저녁에는 매일같이 술 약속이 있었다. 이런 생활은 아마도 나만의 문제는 아닐 것이다.

많은 청소년들이 '대학만 가봐라'라며 대학생활의 자유를 상상하고, 벼르고 있는 것이 현실이다. 우리나라 대학가 문화만 보더라도 충분히 예상 가능한 생활이다.

이유도 모른 채 공부만 해야 하는 중고등학생들에게 이러한 자유는 분명 부러운 이야기일 것이다. 하지만 고등학교 때까지 하루에 15시간씩 죽은 듯이 책상 앞에 앉아 있다가 대학에 가는 순간 비생산적인 시간으로 하루가 꽉 차는 생활이 과연 정상일까?

잘못된 교육 체계의 문제도 분명 있다. 하지만 더 잘못된 것은 많은 학생들이 대학에 가는 순간, 목표를 이루었다고 생각하는 것이다. 이러한 생각이 드는 것은 그 이상의 것을 이어나갈 꿈이 없기 때문이다.

대학 1, 2학년 때 모든 것을 놓고 놀더라도, 취업을 준비해야 하는 시기가 되면 다시 고등학생과 비슷한 생활로 돌아간다. 취업이라는 새로운 목표가 생겼기 때문이다.

다음 목표만을 좇는 이러한 악순환은 직장에 들어가면 또 다시 되풀이 된다.

나도 마찬가지였다. 간절히 원하던 교사가 되었을 때, 그 합격의 기쁨은 아주 잠시였다. 같은 시간에 매일 출퇴근만 반복하는 일상 속에서 도무지 삶의 의미를 찾을 수가 없었다. 허무감이 밀려왔다.

사람들이 말했다. 그런 게 삶이라고. 다들 그렇게 쳇바퀴 굴러가는 생활을 하면서 하루하루를 살고 있다고. 하지만 나는 쉽게 납득할 수가 없었다. 모두가 그렇게 산다고 해서 그게 당연한 것은 아닌 것 같았다.

주변에 넘쳐나는 사회초년생들 역시 이와 같은 문제를 안고 있었다. 원하는 곳에 취업한 직장인들은 왜 행복하지 않은 걸까. 왜 또 다시 허무감을 느끼는 걸까.

그들에게는 목표만 있었지, 꿈이 없었기 때문이다. 아니, 꿈과 목표를 착각했기 때문이다.

방탕한 대학문화가 당연하게 자리 잡은 이유도 그들이 작은 목표 달성을 꿈의 달성으로 착각하기 때문이다.

진짜 꿈이 있는 사람들은 작은 목표 달성에 안주하지 않는다. 계속해서 나아가야 할 방향을 알기 때문에 방황하지 않는다.

꿈에 대한 착각 : 가고 싶은 대학과 직장은 꿈이 아니다.

첫 번째 질문으로 돌아가 보자.

"너의 꿈은 뭐니?"

대다수의 청소년들이 대학과 직장을 꿈으로 설정한다. 그래서 대학에 들어가고 나면 인생의 나아가야 할 방향을 잃는다. 다행히 취업준비생이 되면 다시 목표가 생긴다. 하지만 직장에 들어가고 나면 또 다시 인생의 큰 꿈을 이루었다고 착각한다. 인생의 절반도 살지 않은 시점인데 끝에 도달했다고 여기는 것이다.

계속 나아갈 길을 잃는 순간 새로운 목표를 세운다. 돈이다. 인생의 목표가 그저 더 많은 돈을 버는 것으로 전락하는 것이다. 꿈이 있어야 할 곳에 돈이 자리하는 순간, 우리의 인생은 그 의미를 잃어버린다. 이런 인생은 현재를 제대로 살아낼 수 없다. 돈 벌기에 급급하거나 현실에만 안주하면 '지금 이 순간의 행복'을 잃게 된다.

이것은 '나의 꿈'을 키우지 않고 그저 대학만 들어가면, 직장만 들어가면 모든 문제가 해결될 것이라는 착각이 만든 현실이다.

지금, "나는 꿈이 있어"라고 확신하는가?

다시 한 번 자신의 내면을 들여다보자.

그것은 나의 꿈인가, 나의 목표인가, 아니면 남의 목표인가.

남의 목표가 아닌 나의 진짜 꿈을 위해 살 때 비로소 행복해진다.

3
착각 2: 가짜 꿈에 속지 말자 (선망)

#1

"선생님, 대학에 꼭 가야하나요?"

이제 고3이 된 지연이가 물었다. 언제나처럼 어깨는 축 처져있었고, 표정은 어두웠다.

"꼭 가지 않아도 괜찮아. 지연이는 따로 하고 싶은 게 있니?"

"네. 저는 작사가가 되고 싶어요."

"그래? 음악을 좋아하는 건 알고 있었지만, 작사에 재능이 있는 줄은 몰랐구나!"

"그런데 부모님이 반대하세요. 부모님은 말도 안 되는 소리라고 들으려고도 하지 않으세요. 그런 생각하지 말고 무조건 공부만 하라고 하세요."

"지연이 생각은 어때? 지금 공부를 그만두고 작사를 하고 싶어?"

"전 공부가 싫어요. 선생님도 공부가 인생의 전부는 아니라고 말씀하셨잖아요."

"그렇긴 하지. 그럼 부모님을 설득해보는 건 어떨까? 그동안 음악을 배우거나 작사를 연습해본 것이 있니? 부모님도 지연이의 열정을 아시면 인정해주실 거야."

"아뇨. 부모님이 반대하셔서 못했어요."

"지연이는 언제부터 작사가가 되고 싶었어?"

"중학교 때부터요. 그런데 부모님이 계속 반대하셨어요."

"왜 그 길로 가고 싶은데?"

"저는 음악이 좋아요. 글로 제 마음을 표현하는 것도 좋고요. 그리고 가사를 쓰는 것이 시를 쓰는 것보다 쉽잖아요. 시보다 대중성도 있고."

"대중성이 중요해?"

"그럼요. 사람들이 제가 쓴 노래를 많이 불러주면 좋잖아요."

"지연아, 아주 많은 작곡가, 작사가들이 10년 이상의 무명시절을 겪는다는 건 알고 있니?"

"……."

"지연이는 곧 20살이 돼. 10년 뒤엔 30살이 되겠지. 친구들은 대학을 졸업하고 직장생활을 하게 될 거야. 그동안 지연이는 변변한 수입 없이 힘든 생활을 겪어야 해. 10년 동안 옥탑방에서 라면만 먹고 지냈다는 가수들 이야기 들어봤지?"

"네."

"물론, 생활이 어려워지기 때문에 그런 꿈을 가지면 안 된다는 게 아니야. 지연이가 정말로 좋아하는 일이라면 힘든 생활 속에서도 행복할거야. 그리고 그런 상황을 견딜 수 있는 힘도 생길 테고. 하지만 그전에 그 일이 정말 지연이가 원하는 일인지 충분히 알아볼 필요가 있어. 선생님이 보기엔 그 과정이 좀 부족한 것 같은데. 곰곰이 생각해 봐. 공부가 싫어서는 아닌지. 공부보다 음악이 좋다는 이유로 평생 해야 할 일을 결정하는 건 섣부른 생각이 아닐까?"

가짜 꿈

언젠가부터 연예인이 되고 싶다는 친구들이 늘어나고 있다. 〈슈퍼스타K〉와 같은 오디션 프로그램의 열풍이 불면서 화려한 데뷔를 꿈꾸는 아이들이 많아졌다. 방송에 나오는 멋진 모습을 보며 자신의 그런 모습을 꿈꾸는 마음도 이해가 되지 않는 것은 아니다. 하지만 나는 수학자가 되고 싶다는 친구들보다 연예인이 되고 싶다는 친구들에게 더 주의를 준다. 그들의 꿈을 비하하기 때문도 아니고, 지연이 부모님처럼 공부나 하라는 말을 하려는 것도 아니다.

가짜 꿈일 가능성이 높기 때문이다.

오디션 프로그램 방송 이후에 가수 지망생이 늘었다고 한다. 2002년 월드컵 4강 진출 이후에도 축구 선수를 희망하는 남학생이 늘었고 김연아 선수가 금메달을 딴 이후에도 피겨 스케이팅 꿈나무들이 많이 생겼다.

나도 한 때 〈카이스트〉라는 드라마를 보고 난 뒤, 카이스트에서의 낭만적인 대학생활을 꿈꾸기도 했다. 하지만 현실에서 그런 여유 있는 대학생활을 하는 카이스트 학생은 없을 것이다.

아이들이 연예인을 꿈꾸는 이유는 너무 뻔하다. 첫째로는 공부가 하기 싫기 때문이고, 둘째로는 톱스타의 화려한 모습에 심취했기 때문이다.

무명 가수나 무명 개그맨을 보면서 연예인이 되고 싶어 하는 친구들은 없다. 아주 잘나가는 연예인들의 화려한 모습만 보고, 그들을 닮고 싶어 한다. 그 연예인들이 톱스타로 등극하기까지 얼마나 오랜 시간동안 무명의 아픔을 겪었는지, 얼마나 힘들고 고달픈 연습을 견디며 때로는 좌절을 겪었는지 생각해보지도 않고 말이다. 톱스타가 되지 못하고 여전히 오랜 시간 무명으로 남아있는 사람들이 얼마나 많은지에 대해서는 생각해봤을까? 톱스타가 되더라도 항상 따라다니는 사생활 노출, 악플 등의 문제로 얼마나 정신적인 괴로움을 겪는지 생각해보았을까? 그저 그들의 화려한 모습만을 닮고 싶은 마음 아닐까?

오래 전에 『공부가 가장 쉬웠어요』라는 책이 큰 파장을 일으켰다. 많은 학생들은 말도 안 되는 소리라며 코웃음을 쳤고 그 사람이 '아주 특별한' 사람이라고 생각했다. 물론 나도 코웃음을 치던 고등학생 중 한 명이었다. 하지만 시간이 지날수록, 세상을 알게 될수록, 나는 '공부가 가장 쉽다'는 말에 진심으로 공감하게 되었다.

김연아 선수가 지금의 무대를 보여주기까지 하루도 거르지 않고 얼마나 오랜 시간 연습을 해왔을까?

박지성은 맨체스터 유나이티드로 가기까지, 그리고 그곳에서도 매일같이 자신을 혹독한 한계로 내몰았다.

세계적인 발레리나로 우뚝 선 강수진은 다시는 젊은 시절로 돌아가고 싶지 않다고 한다. 내일을 위해 하루하루를 너무 치열하게 살아왔기 때문이다.

그들은 하루에 18시간씩 계속되는 연습을 15년 이상 해왔고 지금도 계속 하고 있다.

모차르트는 세 살 때부터 작곡을 배웠고, 타이거 우즈는 두 살도 되기 전에 골프채를 잡았다.

그들은 공부와는 비교도 되지 않는 어려운 시간을 겪었고 혹독한 훈련으로 그 자리에 올랐다. 그들의 노력을 이해한다면 '공부는 가장 쉬운 것'이 맞다.

모든 직업에는 장단점이 있다.

연예인이나 운동선수에만 국한된 문제가 아니다.

모든 직업에는 우리가 잘 보지 못하는 다른 면이 있다. 화려한 겉모습 뒤에 숨겨진 부분이다. 달의 뒷면을 보지 못하면서 달에 대해 이야기하는 인류처럼 우리는 자신이 보고 싶은 모습만 바라보고 자신의 꿈을 결정한다.

학창시절 나의 꿈은 물리 교사가 되는 것이었다. 무난히 사범대에 진학했고, 졸업 후 교단에 서게 되었다.

주변에서는 부러워하며 말했다. 너는 꿈을 이루지 않았느냐고.

한참 진로에 대한 걱정이 많은 고등학교 시절에도, 주변 친구들의 부러움을 받았다. 넌 꿈이 있어서 좋겠다고. 나 역시, 나는 꿈이 있어서 다행이라고 생각했다.

그리고 선생님이 되었다. 그날은 정말 날아갈 듯 기뻤다.

문제는 그 다음이었다.

교직 생활은 만만치 않았다. 첫 발령은 중학교였는데, 매일 매일이 전쟁터였다. 아이들은 지칠 줄 모르고 뛰어다녔고, 나는 몇 개월 만에 목소리가 쉬어서 돌아오지 않았다. 매일 퇴근 후에는 녹초가 되어 쓰러졌다. 출근과 퇴근, 이 반복되는 일상 외에는 아무 것도 할 수 없었다.

적성에 맞지 않는 일이었을까? 이런 고민을 수 없이 했다.

어릴 때부터 다른 사람에게 무언가를 가르쳐주는 것을 좋아했다. 대학시절에도 아르바이트로 학생들을 가르친 경험이 많았다. 힘들 때도 있었지만 하기 싫다는 생각은 단 한 번도 해본 적이 없었다. 물리를 가르치는 일은 내 적성에도 맞는 일이라는 것을 이미 충분히 경험했다.

그렇다면 무엇이 문제였을까?

교과목만을 잘 가르치는 것이 교사 역할의 전부가 아님을 현실에서 깨닫게 되면서부터였다. 교과목을 가르치는 것은 교사 역할의 극히 일부분에 불과했다. 교사라는 직업에는 이보다 훨씬 중요한 것들이 있었다. 생활태도를 비롯하여 공부 이전에 가르쳐야 하는 덕목들이 있었다.

나는 그 부분들을 전혀 생각하지 못했던 것이다. 무엇보다 중요한 것은 교육에 대한 나의 가치관 확립이었다. 당시 나는 아이들에게 너무 많은 자유를 주었고 그 때문에 힘들어했다. 그렇다고 일방적으로 권위적인 야단을 치지도 못했다. 내 가치관과 교사로서의 가치관 사이에서 방황하며 힘든 교직생활을 겨우 버텼다.

김미경 작가의 『드림 온』에 나오는 J씨에 대한 이야기이다.

J씨는 사회과학 분야의 책을 읽고 자신의 생각을 글로 정리하는 것을 좋아했다. 그녀는 대학을 졸업하고 글을 쓰는 기자가 되었다. 기자가 된 후 하루 종일 좋아하는 글쓰기를 하면서도 그녀는 만족스럽지 않았다. 더구나 사회생활에서도 스트레스를 받았다.

J씨는 글 쓰는 것을 좋아했고, 평소 인간관계도 좋았다. 하지만 무엇이 문제였을까?

J씨가 진짜로 좋아한 것은 단순히 글을 쓰는 것이 아니라 한 가지 주제를 두고 논리적으로 깊이 사색하는 것이었다. 그녀는 글을 쓰는 직업을 선택했지만, 마감에 쫓기는 기자에게 사색할 여유가 있을 리가 없었다. 더구나 그녀는 '목적'을 가지고 사람을 만나야하는 일에 지쳤던 것이다.

나는 가르치는 일이 적성에 맞았고, 아이들을 좋아했다. 하지만 교사라는 직업에는 내가 보지 못한 부분도 많이 있었다. J씨는 글을 쓰는 일을 좋아해서 기자라는 직업을 선택했지만, 그녀도 기자가 되고 나서야 기자의 다른 역할과 마주쳤다. 모든 직업에는 우리가 생각하지 못한 모습이 숨어있다. 그러한 면들은 어떤 사람들에게는 쉽게 극복할 수 있는 작은 문제이다. 하지만 어떤 사람들에게는 아주 중요한 문제가 될 수 있다.

이처럼 직업에 숨어있는 단점들을 미리 모두 알기는 쉽지 않다. 하지만 겉으로 드러나는 모습이 전부가 아니라는 점은 명심해두어야 한다. 그래서 진로 체험활동이 중요하다. 이에 대해서는 5장에서 좀 더 살펴보자.

진로 체험활동을 할 수 없다면, 내가 하고 싶은 일에 대해 면밀히 조사하거나 책이나 지인을 통해 간접 경험을 할 필요가 있다. 또한 무엇보다도 자신에 대해 잘 알아야 한다. 자신이 어떤 일을 용인할 수 있고, 어떤 일을 참지 못하는지 말이다. 가령 위 사례의 J씨처럼 인간관계에 전혀 문제가 없지만, 목적을 가지고 사람을 만나는 사회생활을 견디기 힘들어 할 수도 있다. 따라서 자신에 대해 세세하게 이해할 필요가 있다. 무엇보다 자기발견을 하는 것이 가장 중요하다.

4
착각 3: 다른 사람의 꿈 (친구)

#1

길을 가다가 우연히 민석이를 만났다. 졸업한지 벌써 2년이 지난 후였다. 그날은 서로 갈 길이 바빠 안부만 묻고 헤어졌다. 민석이는 공무원 시험을 준비 중이라고 했다. 모험심이 강한 민석이에게 공무원은 잘 어울리지 않는 것 같았지만, 충분히 고민했으리라 생각했다. 얼마 후 다시 찾아온 민석이와 점심을 함께 했다.

"공부는 잘 되고 있어?"

"네. 지금은 자격증 시험 공부중이에요. 가산점을 주거든요."

"그렇구나! 그럼 자격증만 공부하고 있는 중이야?"

"네, 자격증부터 따고 본격적으로 시작하려고요."

"방학이라 시간도 많을 텐데. 1급이라 어려운가보구나?"

"3급부터 준비중이에요. 3급부터 쳐보고 2급 치려고요."

"왜 1급에 바로 도전하지 않고? 시험을 3번이나 치려고?"

"아뇨, 2급만 딸 거에요.. 시험은 1년에 여러 번 있어요."

"지금 방학이라 시간적으로 여유도 있을 텐데, 자격증 공부만 하는 건 좀 아깝지 않을까?"

"그렇긴 한데 같이 공부하는 친구가 아르바이트를 해서 시간이 좀 부족해요."

그 순간 알았다. 공무원이 되겠다는 건 민석이의 꿈이 아니었다. 친구의 꿈이었다. 아니, 어쩌면 친구와 열띤 토론으로 함께 만든 꿈인지도 모르겠다.

진짜 꿈이라면 치열한 공무원 시험을 그렇게 여유부리며 하지 못한다. 1년 후에 왜 이렇게 취직이 어렵냐고 하소연 할 민석이의 모습이 선했다.

#2

어느 날 아침 자습시간이었다.

여느 때와 다름없이 자는 아이들과 소란한 아이들이 혼재되어 있는 분위기 속에서 유독 동원이가 눈에 들어왔다. 동원이는 공부에 별 관심이 없었다. 조용한 성격이긴 했지만, 늘 친한 친구들과 어울려 다니기 바빴다. 그런데 그날은 유독 혼자 책상에 앉아 무언가 열심히 보고 있었다.

가까이 다가가 살펴보았다. 제과제빵 필기시험 대비 문제집이었다.

그러고 보니 얼마 전 제빵을 배우고 싶다며 찾아왔었다. 그 뒤 부모님과 이야기를 나누고 학원에 다니기로 했다고 한다. 동원이가 살아있는 눈빛으로 책을 보는 모습은 2년간 담임을 맡으며 처음 본 것이었다. 기특하기도 하고 한편으로는 오래 갈까?라는 걱정이 들기도 했다.

며칠 뒤, 옆 반 선생님이 재우에 관한 이야기를 꺼냈다. 재우는 작년에 동원이와 같은 반이었던 친한 친구였다. 웬일인지 재우도 제과제빵을 배운다고 한다. 그런데 영 불안했던지 담임선생님이 걱정을 했다.

동원이는 학원가는 날엔 보충과 자율학습을 빠졌지만 학원에 가지 않는 날에는 꼬박꼬박 자율학습까지 참여했다. 게다가 점점 의젓해졌고 친구들과 어울려 노는 시간도 줄어들었다. 반면 재우는 제과제빵 학원을 다니기 시작하면서 점점 나태해졌다. 자율학습은 매일 빠졌고, 이제 공부하지 않아도 된다는 생각으로 놀러 다니기 바빴으며, 친구들 사이에서도 제빵사가 될 거라며 거들먹거렸다.

5달 뒤, 동원이는 자격증을 땄고 재우는 필기시험에서 떨어졌다.

알고 보니 동원이가 보충수업에 빠지는 모습이 부러워서 재우도 제빵을 배우겠다고 말했던 모양이었다.

선택의 불안감

아이들과 이야기를 하다보면, '나의 꿈'을 가지고 있는 친구가 정말 드물다는 사실에 놀라게 된다. 친구의 꿈, 부모님의 꿈, 선생님의 꿈, 매스컴의 꿈이다.

'내 인생인데.'라는 생각을 하면서도 왜 대부분의 아이들은 자신이 하고 싶은 일을 찾지 못하는 걸까.

선택의 불안감 때문이다.

인생은 선택의 연속이다.

"오늘 점심은 뭘 먹을까?"와 같은 선택은 결과가 바로 나온다. 선택하고 10분 후면 불안감이 사라진다. 음식 맛으로 기분이 좋아지거나 그렇지 않거나. 결과도 바로 나오지만 잘못된 선택으로 인한 나쁜 기분도 금방 사라진다.

하지만 꿈은 어떨까?

몇 십 년이 지나야 자신의 선택이 자신을 어디로 끌고 왔는지 알 수 있다. 그 중간에도 몇 번이나 희비가 갈린다. 결과를 알 수 없기에 불안감은 계속 된다.

그래서 친구를 쳐다보고 부모님에게 의존하고, 선생님에서 물어보고, 매스컴이 떠드는 소리에 귀를 기울이게 된다.

왜 자신이 생각하지 않고 남의 말에 귀를 기울일까? 생각하는 일은 힘들기 때문이다. 뇌는 몸무게의 2%정도로 작은 부분이지만, 우리가 섭취하는 에너지의 20% 이상을 뇌에서 소모한다. 이렇듯 생각하는 일이 힘들다보니 스스로 생각하는 일을 점점 기피하게 된다.

생각하는 힘이 없는 사람은 자신의 결정을 믿지 못한다. 그래서 내가 내려야 할 인생의 중요한 결정들을 다른 사람에게 맡긴다.

나의 선택은 불안하기 때문에, 생각하는 일은 힘들기 때문에, 남의 인생을 산다.

하지만 선택이 아무리 힘들어도 우리는 부모님의 인생, 친구의 인생이 아닌 자신의 인생을 살아야할 것이다.

생각해보면 나도 선택 앞에서 늘 불안했다.

내가 선택한 길에서 실패한다면, 모두가 비웃지 않을까 하는 생각 때문이었다.

두 가지만 기억하자.

첫 번째로 남의 선택을 따랐을 때, 힘든 순간이 오면 그 사람을 탓하면서 핑계를 대고 싶어진다. 하지만 결국 내 인생은 내가 책임져야 한다.

나도 내가 선택한 길에서 힘들 때마다 이런 생각을 했다.

"이 직업을 내가 선택한 것일까. 아니면 세상이 좋다고 하는 일을 선택한 것일까. 부모님이 원하는 직업을 선택한 것은 아닐까."

어쩌면 누군가를 탓하고 싶었는지도 모른다. 하지만, 최종 선택은 내가 한 것이었다. 내가 책임져야 할 내 인생이었다.

두 번째로, 남의 꿈은 결코 행복하지 않다. 언젠가 후회하는 날이 반드시 온다.

행복은 돈이나 성공에서 오는 것이 아니기 때문이다.

『딸에게 보내는 심리학 편지』에 나오는 이야기를 하나 소개한다.

펑키 스타일의 아이콘 비비안 웨스트우드는 서른 살이 되던 무렵 선망의 직업인 교사를 그만두고 디자이너로서의 삶을 선택했다. 미술이나 디자인을 배운 적이 없었기 때문에 그녀의 선택을 두고 주변 사람들은 모두 쓸데없는 짓이라며 말렸다. 그러나 지금 그녀는 엘리자베스 여왕에게 대영제국 훈장까지 받아 패션계의 정점에 서 있다.

우리는 그녀가 디자이너로 성공했기 때문에 부러워하고, 그녀의 용기 있는 선택에 갈채를 보낸다. 부러워만 할 뿐, 막상 나의 문제로 다가왔을 때에는 그런 선택을 하지 못한다. 성공이라는 결과물이 있어야만 나의 선택이 옳았다고 판단하기 때문이다.

하지만 과연 그녀는 디자이너로 성공했기 때문에 행복한 것일까?

아니다. 그녀는 자신이 진짜로 하고 싶은 일을 했기 때문에 행복한 삶을 누릴 수 있었던 것이다. 그동안 교사로 지냈던 시간이 아까워 선뜻 포기하지 못했다면 누릴 수 없었을 행복이다.

그렇다면 진작 디자이너가 되지 않고 교사가 먼저 되었던 사실에 대해서 그녀는 후회할까?

그렇지는 않을 것이다. 나는 그녀가 교사로 지냈던 시간이나 디자이너로 지내는 시간 모두 소중하고 행복한 시간으로 여길 것이라 생각한다. 자신의 선택이었기 때문이다.

우리는 꿈에 대한 확신이 없어 늘 불안하다. 어쩌면 당연한 일이다. 미래를 알 수 없다는 불확실성이 우리를 불안하게 만들지만, 반대로 그렇기에 희망을 가질 수 있다.

주변 사람들의 말은 조언일 뿐이다. 당장의 불안감을 해소하고자 조언에 휩쓸리지 말자. 최종 결정은 내가 하는 것이며, 내 인생의 주인공도 나라는 것을 잊지 말자. 그래야 열정을 가지고 도전하며 살 수 있다. 물론, 나중에 내 선택이 틀렸다는 생각이 들 수도 있다. 그럴 때는 새로운 마음으로 방향을 틀면 된다. 비비안 웨스트우드처럼 말이다.

스티브 잡스는 스탠퍼드 대학교 졸업식 연설에서 이렇게 말했다.

"다른 사람의 삶을 사느라고 시간을 허비하지 마십시오. 다른 사람들이 생각한 결과에 맞춰 사는 함정에 빠지지 마십시오. 다른 사람의 견해가 여러분 자신의 목소리를 가리는 소음이 되게 하지 마십시오. 그리고 가장 중요한 것은, 당신의 마음과 직관을 따라가는 용기를 가지는 것입니다."

– 『딸에게 보내는 심리학 편지』 중에서

5
why가 중요해

#1

'휴. 꼭 이렇게까지 힘들게 공부해야 하나? 석호랑 민재는 오늘
도 축구하러 갔는데. 내가 무슨 부귀영화를 누리겠다고 혼자 독서
실에 온 건지.'

승준이의 꿈은 의사가 되는 것이다. 그런데 요즘 들어 부쩍 공부
하기가 힘들다. 지금 성적으로는 지방 의대에 간신히 들어갈 정도
다. 혼자 지방에 내려가서 대학을 다녀야 한다는 사실이 썩 내키지
않는다.

고3이 되면서 마음이 많이 약해졌다. 잠도 부족하고, 체력도 달린
다. 굳이 이렇게까지 해서 의대에 들어가야 하나 싶다. 요즘 문 닫는
병원도 많다고 하던데. 친구들이 놀러 다니는 모습을 보며 나는 왜

이러고 있나 싶다. 계속 마음이 흔들린다. 그냥 적당히 하고 서울에 있는 대학에 들어가는 것도 나쁘지 않을 것 같다.

수험생이라면 누구나 한번쯤 겪는 갈등이 아닐까?
해도 안 될 것 같은 불안감.
마음 한구석에서는 자신도 모르는 사이에 '그만하고 그냥 편하게 지내자'는 악마의 목소리가 들려온다.
불쑥불쑥 튀어나오는 그 악마는 대체 어디에 살고 있는 걸까.

#2

"매일 5시 30분에 일어나요. 커피를 한 잔 따라서 20분간 사우나를 하죠. 그리고 스트레칭을 시작으로 2시간 정도 개인 연습을 해요. 아침 2시간 개인연습은 30년 동안 단 하루도 빠뜨린 적이 없어요. 극장에 도착하면 10시 정도 되는데, 그 때부터 밤 11시까지는 줄곧 연습의 연속이에요."

– 『나는 내일을 기다리지 않는다』 중에서

현역으로 활동하는 최고령 발레리나 강수진의 말이다. 운동선수로 치면 은퇴하는 나이다. 하지만 그녀는 여전히 하루에 12시간 이상을 연습에 몰입한다.
그녀의 마음속에는 '이제 그만 편히 지내자'고 악마가 속삭일 틈도 없다.

힘들다고 말하면서도 끝까지 도전을 멈추지 않는 사람들이 있다.

하루에 20시간 이상을 일에 몰두하는 일론 머스크, 빙판에서 수천 번을 넘어지고도 다시 일어나서 연습하는 김연아 선수, 남들은 보기 좋은 슈팅 연습을 할 때 모두가 지겨워하는 단거리 패스 연습을 3,000번씩 했다는 박지성 선수.

성공한 유명인들의 특별한 이야기만은 아니다.

이러한 사람들은 분명 우리 주변에도 있다.

꿈을 찾아 약대에 진학한 친구가 있었다.

문과 성향이 강했던 그 친구는, 좋아하는 일을 위해 잘하는 것을 포기하고 힘들게 대학에 들어갔다.

그 친구의 말이 오랫동안 내 가슴 속에 울림으로 남아 있다.

"너도 알잖아. 내가 과학에 약한 거. 약사국시를 앞두고, 나 하루에 15시간씩 공부했어. 그때는 화장실 가는 시간이 아까워서 물 한 모금도 마시지 못했어."

나는 사람이 화장실을 참아가며 공부할 수 있다는 것을 그때 처음 알았다.

우리는 그들을 '독종'이라고 부른다. 그리고 속으로 '그들은 나와는 유전자가 달라'라고 속삭인다.

분명한 것은 세상에 독종 유전자라는 것은 없다는 것이다.

그들의 열정은 타고난 것이 아니다. 그렇다면 스스로의 한계를 뛰어 넘는 그 힘은 도대체 어디서 나오는 것일까?

약사, 의사, 사업가, 피겨 선수, 축구 선수 등의 꿈을 가지고, 어떻게 이룰 것인지 계획하는 사람은 많다. 그러나 꿈이 있다고 해서 모두가 열정을 갖는 것은 아니다.

잘못 찾은 꿈이기 때문이다.

우리는 무엇이 되고 싶고, 어떻게 할 것인지 계획하는 데는 탁월하다. 하지만 중요한 것을 빠뜨린다.

그것은 바로 '왜?'라는 질문이다.

골든서클 이론

평범함과 비범함은 종이 한 장 차이다. 그 차이는 어디서 나오는 것일까. 사이먼 사이넥의 『나는 왜 이 일을 하는가(start with why)』에서는 골든서클 이론으로 이 차이에 대해 설명한다.

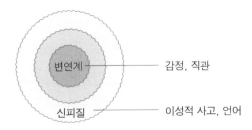

우리 뇌는 크게 두 부분으로 나뉜다. 내부에 자리하고 있는 변연계와 그 주위를 감싸고 있는 신피질이다.

변연계는 감정과 직관을 담당하고, 신피질은 이성적인 사고와 언어를 담당한다. 즉, 인간이 동물과 달리 생각을 할 수 있는 것은 신피질 덕분이다.

신피질은 합리적인 의사 결정을 돕는다.

가령 물건을 산다고 하자. 합리적으로 결정하는 사람에게 "어떤 제품이, 어떻게 다른가"는 아주 중요한 문제이다.

그렇다면 우리 꿈에서도 "어떤 일을 하고, 어떻게 이루어 나갈 것인가"는 중요할 것이다.

하지만, 정말 우리는 합리적일까?

사춘기 시절에는 풋풋한 사랑의 감정이 생기기 시작한다. 좋아하는 사람이 생겼을 때 그 사람만 보면 가슴이 뛰고 얼굴이 빨개지고 기분이 좋아진다. 주변 친구들이 묻는다.

"그 애의 어디가 좋아?"

"음… 예쁘고, 착하고, 음… 그냥 다 좋아!"

이런 질문에는 대답하기가 곤란하다. 자신도 이유를 모르기 때문이다.

모든 일이 합리적으로 돌아가지 않는 것과 비슷하다. 그래서 이렇게 말한다.

"몰라. 그냥 가슴이 두근거려!"

우리 뇌에는 어떤 이성적인 근거도 없이 단숨에 결론을 내리는 부

분이 있다. 바로 변연계이다. 감정과 직관에 의한 결정은 이성적인
판단보다 강하다.

꿈도 마찬가지다.
가슴이 두근거리는 일은 이성적인 판단보다 강하다.

다음 그림이 사이먼사이넥의 골든서클 이론이다.

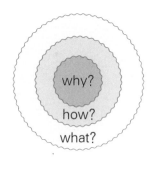

what : 무슨 일을 할 것인가?

how : 어떻게 그 일을 할 것
인가?

why : 왜 그 일을 하는가? 그
일의 가치는 무엇인가?

why

사이먼 사이넥의 이론에 따르면 결정하고 열망하게 만드는 힘은
골든서클의 가운데 있는why에서 나온다. '무엇을', '어떻게' 보다 '
왜?'라는 질문이 사람의 마음을 움직인다는 것이다.
골든서클은 우리 뇌구조와 비슷하다.

이중에서 '왜?'라는 질문은 우리 뇌의 변연계에 대응된다. '왜?'
라는 가치는 이성적인 판단에 앞서 감성으로 마음을 움직인다. '왜

그 일을 하는지'가 분명한 사람은 이성적인 계산에 앞서 내면에 의해 움직인다. 안될 것 같다는 계산으로 불안감이 생기더라도 가슴이 시키는 일이기에 계속 할 수 있는 용기가 생긴다.

세상의 모든 일에는 어려움이 따른다. 몸이 힘들고, 자신감이 떨어지고, 그만 포기하고 싶은 순간이 온다. 편안함을 추구하고 싶은 유혹에 휩싸인다. 그렇게 나태해져 갈 때, 다시 도전하기로 결정내리는 것은 '나의 가치인 why'이다. why는 무의식의 힘으로 나를 설득하고, 나의 마음을 움직인다. 그래서 why가 있는 사람은 무모해 보이는 도전도 할 수 있다.

'무엇'을 하고 싶고, '어떻게' 할 것인지를 찾기 전에 '왜'라는 질문에 먼저 답해보자.

why는 '나는 왜 이 일을 하고 싶은가?' '이 일의 가치는 무엇인가?' '나는 어떤 인생을 살고 싶은가?'에 대한 답이다.

6살의 어린 나이에 일본에 건너가 심장이식 수술을 받고 목숨을 건진 사람이 있었다. 하지만 그는 두 동생을 폐렴과 결핵으로 잃었다. 막내 동생의 결핵은 당시에도 충분히 고칠 수 있는 병이었지만, 돌팔이 의사를 만나는 바람에 동생은 안타깝게 생을 마감했다. 어릴 때부터 병원과 연이 많았던 그에게는 꿈이 있었다.

'돈을 버는 것보다, 인명을 구하는 일을 하자'

이것이 그만의 why다. 그는 의사가 되었다. 한 명이라도 더 살리고자 하는 마음에 미국, 일본, 유럽으로 건너가 힘든 연수를 받았다. 그 과정에서 서러움과 추위와 배고픔 모두 견뎌야했다. 잠을 자지도, 밥을 먹지도 못하고 23시간씩이나 걸리는 수술을 할 수 있었던 것은 그만의 why가 있기 때문이었다.

96%라는 세계적인 수술 성공률을 보이면서도 항상 나머지 4% 때문에 편하지 않다는 그는 세계의 간이식 역사를 다시 쓴 명의, 이승규 박사다.

–『외과의사 이승규』 참고

하버드 법대생으로 안정적이고 명성이 보장된 앞날 창창한 청년이 있었던 빌 게이츠도 자신의 진로를 망설이고 있었다. 그는 고등학교 때부터 컴퓨터의 매력에 푹 빠졌다. 그 당시 컴퓨터는 상상을 초월하는 고가였다. 웬만한 부자들도 컴퓨터 구입은커녕 대여료조차 감당하기 힘들 정도였다. 컴퓨터는 세상의 주류가 전혀 아니었고 사업적 가치가 있는 물건도 아니었다.

하지만 그는 이미 보장된 탄탄대로의 길을 버리고 무모하기 짝이 없는 길을 선택했다. 그에게는 그만의 꿈, why가 있었기 때문이다.

"모든 가정에 개인용 컴퓨터를 1대씩 가지는 세상을 만들겠다."

처음 이 말을 했을 때 하버드생인 친구들 모두가 비웃었고, 그들은 빌 게이츠가 소설과 현실을 착각한다고 생각했다. 그러나 빌게이츠는 자신의 why를 잊지 않았고, 결국 세상을 바꾸었다.

–『미래를 지배한 빌 게이츠』 참고

이승규 박사와 빌 게이츠는 무엇이 되겠다는 생각 이전에, 자기 인생의 가치를 찾았다.

이것이 바로 꿈이다.

우리는 모두 특별한 존재이고 아직 발견하지 못한 자기만의 가치를 가지고 있다. 인생을 그저 그렇게, 아무런 생각 없이 살아가면 이러한 자신만의 가치를 절대로 발견할 수 없다. 나의 가치를 발견하고 실현시켜 나가는 것이 바로 꿈이다. 내 인생의 가치, why는 우리가 힘든 고비에 부딪혔을 때 헤쳐 나갈 수 있는 힘을 준다.

꿈 = why = 나는 왜 이 일을 하는가?
= 어떤 인생을 살고 싶은가? = 나의 가치

우리나라 직장인들의 직업만족도는 10%라고 한다. 물론 직장마다 편차가 있겠지만, 왜 힘들게 들어간 직장에 대해 불만을 갖는 걸까?

직장에 불만을 갖는 90%의 사람들은 '왜 이 일을 하는가'에 대해 한 번도 생각해보지 않았을 것이다. 그 자리에 가는 것을 꿈이라 착각하고 달렸고, 꿈을 이루었다는 생각에 인생의 방향을 잃어버린 것이다. 그제야 '왜?'라는 질문을 던지는 것이다.

'대체 왜? 난 이 일을 하고 있는 거지?'

같은 직장에 다녀도 늘 불만인 사람이 있는가 하면 하루하루가 즐거운 사람이 있다. 그들의 차이는 성격도, 연봉도, 시간도, 인간관계도 아니다.

바로, 'why'가 있는가, 없는가의 차이다.

내가 왜 이 일을 하고 있는지가 분명한 사람은 매일의 사소한 성취에서 행복을 느낀다. 계속해서 더 큰 목표가 생긴다. 누구나 다 아는 유명인이 되지 않아도 괜찮다. 노동의 가치를 알기에 그들은 행복하다.

'why'가 분명하지 않은 사람은 목표(what)만을 향해 달려 왔다. 목표를 이룬 순간 허무함이 몰려온다. 어느 방향으로 나아가야 할지 모르기 때문이다.

☆기존의 꿈을 찾는 방법☆

what(무엇이 되고 싶은가) → how(어떻게 될 것인가)

→ ???(내가 이것을 왜 하고 있지?)

★다현 쌤이 전해주는 꿈을 찾는 방법★

why(왜 이 일이 하고 싶은가) → how(어떻게 할 것인가)

→ what(무엇이 될 것인가)

무엇이 되고 싶고, 어떻게 될 것인지를 생각하기 이전에 어떤 인생을 살고 싶은지, 왜 그 일을 하고 싶은지 먼저 생각해보자. 그 다음에 그 일을 어떻게 할 것인지를 생각하고 그렇다면 무엇이 되어야 할지 생각해보자.

나의 경우를 예로 들어보자.

나는 물리교사가 되고 싶었다. (what)

사범대에 진학했고, 임용고시를 치렀다. (how)

그제야 나는 왜 이 일을 하고 있는지 의아해 했다. (???)

하지만 반대로 가보면 어떨까.

나는 물리가 좋다. 하지만 물리학자가 되는 것보다 물리를 좀 더 쉽고 재미있게 알려주는 것이 더 좋다. 학생들이 물리 때문에 이공계 진학을 포기하지 않았으면 좋겠다. 어렵다고 선입견이 강한 물리의 문턱을 낮추고 싶다. (이것이 나의 why이다.)

그렇다면 이 일을 어떻게 할 것인가? 나의 고민은 어떻게 하면 물리를 쉽게 가르칠 수 있을까이다. 다양한 교습법을 연구하고, 동영상이나 읽을거리를 만들 수도 있다. (이것이 how이다.)

최종적으로 어떤 길을 갈 것인지 선택한다. 'how'를 바탕으로 강사나 교사, 작가를 꿈꾸는 것이 what이다. 꿈을 이루기 위해 내가 어떤 자리에 있는지는 중요하지 않다. 나의 가치가 꿈이라면, 그 꿈을 이루는 길에는 여러 경로가 있기 때문이다. (이것이 what이다.)

'다현 쌤이 보내는 응원의 편지'

꿈이 없어서 고민하는 친구들, 너무 많은 꿈을 가져서 혼란스러운 친구들, 내 꿈과 부모님이 원하는 길이 달라서 갈등하는 친구들, 모두 다 당연한 모습이란다.

꿈은 말이지, 책상 앞에 앉아서 수학 문제 풀 듯 머릿속으로 생각한다고 정해지는 것도 아니고, 연습장에 여러 가지 직업을 적어놓고 연봉이나 환경 등을 비교해서 선택하는 것도 아니야. 우리의 소중한 꿈은 그렇게 산수처럼 계산하며 점수를 매길 수 있는 것이 아니란다.

이렇게 방황하는 것이 당연한데, 사회는 우리에게 그런 여유를 주지 않는 것 같아서 더 힘든지도 모르겠다.

꿈에 대해 고민하는 많은 친구들을 보면서 '꿈'은 누구에게나 꼭 있어야만 하는 것인지 늘 생각하게 됐단다. 어쩌면 내가 하고 싶은 말은 없는 꿈에 얽매여 걱정으로 시간을 보내지 말고 지금 이 순간을 살라는 것인지도 몰라.

모두에게 거창한 꿈이 있어야 하는 건 아니잖아. 꿈이 없어도 충분히 행복하고 가치 있는 삶을 살 수 있어. 하지만 잘못된 꿈을 좇는 건 위험한 일이란다. 그래서 선생님은 꿈을 조금 다르게 정의하고 싶어. '우리 인생의 가치'가 '꿈'이라고 말이지.

그렇다면 꿈은 '무엇이 될까'의 문제가 아니라, '내 인생의 가치'를 찾는 문제가 되겠지. '나의 진짜 인생'을 살기 위해서는 우선 나 자신에 대한 성찰이 필요해. 그게 바로 지금, 청소년기의 과업이야. 그리고 앞으로도 계속해서 고민해야 하는 문제란다.

너희들의 방황은 절대 잘못된 게 아니야. 서른이 넘은 나는 지금도 갈대처럼 휘청거린단다. 아직도 나의 선택에 불안함과 어려움을 느껴. 아직도 나의 진짜 모습을 찾기 위해 물음표를 던진단다. 그렇게 불확실한 미래 속으로, 자신이 원하는 방향으로, 한발 한발을 디디며 나아가는 것, 그것이 자기 자신을 위한 인생이 아닐까.

무작정 목표를 향해 달리기 보다는, 잠시 서서 왜 달리고 있는지에 대해 꼭 생각해봤으면 좋겠구나.

한/ 줄/ 요/ 약/

1. 저는 꿈이 없는데요?
1) 꿈이 없는 것은 부끄러운 일도, 잘못된 것도 아니며 꿈이 없다고 불안해 할 필요도 없다.
2) 꿈을 찾기 위해서는 '나는 누구인가?'라는 질문에 답을 찾으며 자기 발견이 이루어져야 한다.
3) 꿈을 언제 찾는지는 중요하지 않다. 중요한 것은 스스로의 힘으로 찾고 있느냐 하는 것이다.

2. 착각1_목표는 꿈이 아니다(대학, 직장)

1)희망대학과 희망직업은 꿈이 아니다.

2)진짜 꿈은 능력 부족이라는 핑계를 대면서 쉽게 포기하지 않는다.

3)진짜 꿈이 있는 사람은 작은 목표 달성에 안주하지 않는다.

4)남의 목표가 아닌 나의 진짜 꿈을 향해 갈 때 행복하다.

3. 착각2_가짜 꿈에 속지 말자(선망)

1)성공한 사람들의 화려한 모습을 좇는 것은 진짜 꿈이 아니다.

2)모든 직업에는 화려한 겉모습 뒤에 드러나지 않는 숨겨진 모습이 있다.

3)진짜 꿈을 찾기 위해서는 자신에 대한 세세한 이해가 필요하다.

4. 착각3_다른 사람의 꿈(친구)

1)친구, 부모님, 선생님, 매스컴의 꿈은 나의 진짜 꿈이 아니다.

2)남의 꿈을 좇다가 힘들다고 해서 그들이 내 인생을 책임져주진 않는다.

3)남의 꿈은 결코 행복하지 않다.

4)내 인생의 주인공은 나라는 사실을 잊지 말자.

5. why가 중요해

★기존의 꿈을 찾는 방법: what(무엇이 되고 싶은가) → how(어떻게 될 것
인가) → ???(내가 이것을 왜 하고 있지?)

★다현 쌤이 전해주는 꿈을 찾는 방법: why(왜 이 일이 하고 싶은가) →
how(어떻게 할 것인가) → what(무엇이 될 것인가)

2장

나의 진짜 모습을
발견하는 재료들

1
나의 다양한 모습과 만나다 – 경험

"너는 지금 어떤 경험을 쌓아가고 있니?"

#1

『독서법부터 바꿔라』의 저자 기성준 작가는 학창시절의 꿈을 실현하고 있다. 그는 고등학교 3학년 방학을 이용해 중국 탐방을 가게 되었다. 압록강에서 배를 타고 북한으로 향하면서 북한 주민들과 깡마른 아이들의 모습을 보았을때 그의 가슴 속에서 무언가가 꿈틀거렸다. 이 탐방을 계기로 그는 북한에 학교를 세우고 싶다는 막연한 꿈을 가지게 되었다. 대학을 졸업하고 평범한 직장인이 되었지만, 그의 마음속에는 가슴을 뛰게 하는 기억이 남아있었다. 결국, 직장을 그만두고 꿈을 좇은 그는 현재 통일교육전문가가 되어 전국으로 통일강연을 다니고 있다.

우리의 삶은 각자의 경험으로 만들어진다. 꿈을 찾는 재료로 가장 중요한 것은 나만의 경험이다.

기성준 작가가 북한 주민들의 생활 모습을 보지 않았더라면 그는 지금과는 전혀 다른 길을 걷고 있었을 것이다. 그만의 색다른 경험이 그에게 색다른 꿈을 안겨주었다.

나는 가끔 내 어린 시절을 회상한다. 그리고 현재의 내 모습과 연결고리를 찾아본다. 좋았던 일이든 싫었던 일이든, 그 기억들이 지금의 나를 만들었고 앞으로의 나를 만들어 갈 것이기 때문이다.

낚시를 좋아하는 아빠 덕분에 바다에 자주 놀러 다녔다. 갯바위에 사는 벌레들을 관찰하기도 하고, 즉석에서 잡은 해산물들의 이름을 익히며 초장에 해삼을 찍어 먹었다. 외갓집은 시골이었다. 사촌들과 산으로 들로 다니며 자연과 함께 놀았다. 각종 곤충을 잡고 산에서 열매를 따먹었다.

우리 집은 도심 속 아파트였지만, 나는 학교를 마치면 매일같이 잔디밭과 놀이터에서 뒹굴었다. 먹이를 짊어지고 가는 개미를 몇 시간이나 지켜보다가, 개미집이 궁금해 며칠에 걸쳐 결국 흙밭을 헤집어놓았다. 여름에는 매미, 방아깨비, 메뚜기를 잡아오고 가을에는 잠자리와 귀뚜라미를 잡아 집에서 키웠다. 베란다에 귀뚜라미를 풀어놓는 바람에 귀뚜라미 울음소리에 잠 못 이루는 가을밤을 지낸 날도 있었다. 비가 오는 날엔 어김없이 달팽이를 잡아왔다. 어린 시절의 이런 경험 덕분에 자연을 관찰하는 능력을 키우게 되었고 유독 과학을 좋아하게 된 것 같다.

그리고 하나 더, 아무런 이유도 없이 마냥 좋아했던 물건이 있었으니 바로 분필이다. 그때는 왜 그렇게 분필이 매력적으로 보였는지 모르겠다. 옆집 아저씨가 학교 선생님이셨는데, 그 학교에 놀러 간 날 분필을 가져왔다. 그리고 온종일 아파트 복도에 분필로 낙서를 하고, 교과서를 가져와 선생님 놀이를 했다. 그때부터 교사가 되고 싶다는 꿈을 품었던 것 아닐까?

물론, 모든 경험이 꿈과 연결되지는 않는다. 중요한 것은 다양한 경험 속에서 나에 대해 알아갈 수 있다는 점이다. 특히, 평소와 다른 색다른 경험으로 그동안 모르고 지냈던 자신의 새로운 모습을 발견할 수도 있다.

"우연한 기회에 나의 새로운 모습을 발견한 적이 있니?"

운동을 정말 싫어하는 친구가 있었다. 그런데 어느 날 수영을 배우고, 서핑을 가자는 것이 아닌가. 친구는 가족과 여행을 다녀온 후였다. 여행 중에 가족들의 성화에 못 이겨 스노클링을 하게 되었는데, 그게 그렇게 재미있었나보다. 그 뒤로 여름만 되면 스노클링을 하러 떠나더니 스쿠버다이빙 자격증도 땄다.

직접 해보지 않으면 내가 무엇을 좋아하고 싫어하는지, 어떤 것에 재능이 있는지 찾기 어렵다. 그래서 '백 번 보고 듣는 것보다 한 번

해보는 게 낫다'라는 말이 있는 것이다.

가족들과 캠핑을 떠났다면 자신이 거기서 무엇을 했는지 생각해보자. 나뭇가지를 주워 와서 무언가를 만들었는지. 엄마와 함께 캠핑 요리를 했는지. 아니면 아빠와 채집을 했는지. 도착하자마자 수영장에 뛰어들었는지.

그냥 흘러가는 경험으로는 자신에 대해 알기 어렵다. 특별한 경험 후에는 그때의 감정을 잘 살펴두는 것이 좋다.

경험의 중요성을 알기에, 많은 부모들이 자녀들에게 다양한 환경을 접하게 해주려고 노력한다. 하지만 딱, 초등학교 입학 전까지다. 학교에 들어가는 순간 입시를 생각하기 때문이다. 하루의 대부분을 책상 앞에 앉아서 정해진 일상을 살아가는 것은 경험에 제한을 줄 수밖에 없다. 교과를 통해서 인류가 쌓아올린 지식을 배우는 것도 중요하지만 지식만 집어넣는 공부와 독서는 다르다. 컴퓨터에 입력하듯 정해진 지식을 주입하는 것은 내면 성찰에 전혀 도움이 되지 않는다. 그래서 학교에서 다양한 과목을 배워도 그것은 다양한 경험으로 연결되지 않는다. 고리타분한 수업은 오히려 자신감을 떨어뜨리고, 자신에 대한 선입견을 심어줄 수도 있다.

나는 체육시간을 정말 싫어했다. 뜀틀, 멀리뛰기 등 좋아하는 종목이 단 하나도 없었다. 그러다보니 운동에는 전혀 소질도, 흥미도 없다고 스스로 단정했다. 대학에는 체육시간이 없다는 것이 정말 좋았다.

하지만 그로부터 7년 뒤, 나는 운동에 푹 빠졌다.

7년이 지난 이후에 나에게 무슨 일이 있었을까?

우연히 태권도를 배우기 시작했는데 운동으로 흘리는 땀의 매력에 빠진 것이다.

사회에 나와서 즐기는 스포츠는 학교 체육수업과는 달랐다. 20년 만에 나도 모르던 나의 새로운 모습을 발견한 것이다. 그 뒤부터 여름에는 수영을, 봄·가을에는 승마를, 겨울에는 보드를 타러 다니고 있다. 그 누구도 내게 운동신경이 없다는 말을 하지 않는다. 강사들은 타고난 운동신경이 좋다며 오히려 칭찬을 해주었다.

나는 스스로 '못한다'는 생각으로 나를 규정했다. 내가 평가했던 나는 물리와 수학처럼 답이 딱딱 떨어지는 분야를 좋아하며, 암기를 못하고 독서를 싫어한다. 그리고 예체능 유전 인자는 처음부터 갖고 태어나지 않았다고 단정했다.

어느 날 문득 이런 생각이 들었다.

'그런데, 나는 제대로 도전은 해본 걸까?'

내가 못한다고 단정했던 여러 분야에 제대로 도전해 본적도 없었다. '나는 안 돼'라는 생각은 부족한 경험 때문에 생긴 고정관념이 아니었을까?

학교에서 나와 비슷한 아이들을 많이 본다. 그들은 가장 소중한 자신에게 스스로 '나는 못한다'고 선을 긋는다. 제 3자의 입장에서 보면 참 안타까운 일이다.

자신의 능력에 한계선을 긋는 나와 같은 실수를 하지 않길 바란다. '할 수 없다'는 선입견만 지운다면, 훨씬 더 많은 가능성이 열린다. 물론, 처음에는 자신감과 용기를 잃을지도 모른다. 하지만 머지않아 새로운 능력치를 장착하게 될 지도 모를 일이다.

성적보다 중요한 것은 나를 찾는 것

흔히들 학창시절의 성적은 평생 꼬리표가 된다고 말한다. 하지만 이런 꼬리표보다 더 무서운 것이 있다. 스스로가 스스로를 제약한다는 사실이다.

대학교 2학년 때였다. '역학'이라는 전공 수업을 들었다. 나름 열심히 했지만 성적은 기대에 못 미쳤다. 나는 교수님을 찾아가 말했다.

"교수님, 저 정말 열심히 했는데 성적이 안 좋네요. 저는 물리에 소질이 없는 걸까요?"

"나는 네가 얼마나 열심히 했는지 잘 알아. 지금 성적 몇 점 차이는 중요하지 않아. 네가 좌절하지 않고 앞으로도 꾸준히 공부할 수 있느냐가 더 중요해. 네가 이번 학기에 공부한 것은 성적과 상관없이 네 안에 쌓이고 있을 거야. 나는 앞으로도 네가 계속 물리 공부를 해나갔으면 좋겠구나. 가능성이 보이니깐 말이야. 나는 대학 때 물리 과목에서 'D학점'도 받은 적이 있단다."

교수님의 마지막 말씀에 그만 펑펑 울고 말았다.

지금은 교수님의 말씀을 100% 이해한다. 겨우 줄 세우기 성적 따위가 우리 자신을 평가할 수 없다는 것을 알아두었으면 한다.

사회생활을 시작하면서 그제야 꿈과 인생에 대해 생각하는 20대가 참 많다. 이전까지의 새로운 경험이 많지 않기 때문이다. 직장에 들어가면 낯선 환경에 놓인다. 그제야 자신의 새로운 모습을 발견하고 스스로를 바라보게 된다.

승범이는 학창시절에 친구들 사이에서 인기가 많았다. 활달한 성격으로 친구들과 어울리기를 좋아했다. 당연히 사회생활에도 자신이 있었는데 직장 생활은 승범이의 생각과는 달랐다. 위계질서가 뚜렷한 직장생활은 승범이에게 큰 장벽으로 다가왔고, 형식을 지켜야 하는 회식자리 또한 너무 불편했다.

주어진 일을 하는 것보다 새로운 방법을 찾는 것을 더 좋아하는 사람이 있다. 회사 생활은 그들에게 너무 답답하다. 하지만 반대로 정해진 규칙 속에서 능력을 더 잘 발휘하는 사람도 있다.

나는 스스로를 창의성이 없고 겁이 많으며 쉽게 포기하는 사람이라고 생각했다. 하지만 이제는 안다. 나는 아주 도전적이고 진취적이며, 모험을 좋아하는 사람이라는 것을. 또한 스트레스에 취약하고 방어적이며 쉽게 상처받는 단점을 가졌다는 것도 안다.

나를 찾아가는 과정은 경험과 도전에서 시작된다. 무언가를 시도하지 않으면 수확도 없다.

2
나의 내면과 마주하다 - 여행

#1

"선생님, 저 이번에 호주 여행 다녀왔잖아요."

전화기 너머로 준석이의 밝은 목소리가 들렸다.

준석이는 방학동안 용준이와 호주여행을 했다. 용준이는 수능이 끝나자마자 호주에서 일을 하며 공부를 하고 있었다.

준석이는 아직 여행의 흥분이 가라앉지 않은 것 같았다. 시드니의 오페라하우스를 비롯한 관광지 이야기부터 게스트하우스에서 만난 외국인 이야기, 친구와 둘이서 해변에서 맥주를 마신 이야기를 늘어놓았다. 어느 순간 여행 이야기는 준석이의 내면 이야기로 이어졌다. 호주에서 생활하고 있는 친구를 보면서 느낀 점이 많았나보다. 자신의 인생을 어떻게 개척해 나가야 할지에 대한 고민을 털어놓았다. 외국어를 대하는 태도도 달라져 있었다.

이런 소식을 들을 때면 내가 더 설렌다. 대학에 들어가자마자 친구들과 가볍게 떠나는 여행. 세상을 탐험할 기회를 가진 준석이는 앞으로 얼마나 더 폭넓은 삶을 살게 될까.

물론, 여행은 준석이에게 빚을 남겼다. 한국에 돌아와서는 더 열심히 아르바이트를 해야 했다. 하지만 여행은 그 이상의 가치가 있다.

여행은 나의 진짜 내면을 마주하며, 꿈을 찾을 수 있는 아주 중요한 재료다.

#2

"독일에서는 고등학교를 졸업하고 바로 대학에 진학하지 않아. 1년 정도의 세계여행을 통해서 내가 앞으로 무엇을 공부할지, 무슨 일을 하며 살아갈지 생각할 시간을 갖는 거지."

2009년 호주 울룰루에서 만났던 19살 독일 친구의 설명이었다. 호주 여행 중에 만난 여행객들 중에 젊은 독일 친구들이 유독 많았다. 그 이유가 궁금했는데, 대학에 입학하기 전 1년간 여행하는 것이 그들의 문화라고 한다. 그 순간 그들이 그렇게 부러울 수가 없었다.

중학교 시절부터 어떤 대학에 들어갈지, 무슨 일을 할지 빨리 정하라고 재촉 받는 갑갑한 대한민국의 가치관에서 나 역시 자유로울 수 없었는지 독일 친구의 말에 순간 멍해졌다.

얼마나 멋진가. 고등학교까지 다양한 과목을 경험하고, 기초 상식을 쌓은 후 1년간 세상을 여행하면서 자신의 미래를 그린다니!

울룰루 투어는 5박 6일간 계속되었다. 키가 크고, 잘생긴 얼굴에 웃음이 떠나지 않았던 그 독일 친구와 많은 대화를 나눌 수 있었다. 그는 사람들에게 굉장히 호의적이었고, 모든 일에 적극적으로 나서서 도왔다. 여러 사람들 속에서는 활달하게 어울렸고, 트레킹을 하는 동안에는 조금 떨어진 곳에서 거대한 자연을 바라보며 깊은 사색에 잠기기도 했다.

문득 나에게도 여행의 의미가 새롭게 다가왔다. 직장생활에 찌들려있던 그 무렵 갑작스레 혼자 여행을 떠나야겠다고 결심했던 이유가 그것인지도 몰랐다. 잃어가고 있던 나 자신과 마주하기 위해서 말이다.

> 여행은 당신에게 적어도 세 가지의 유익함을 줄 것이다.
> 첫째는 타향에 대한 지식이고,
> 둘째는 고향에 대한 애착이고,
> 셋째는 자신에 대한 발견이다.
>
> – 브하그완 슈리 라즈니쉬(인도 철학자)

자기 발견으로 이어지는 여행

한국인들은 '여행'이라고 하면 휴양과 휴식, 노는 시간이라고 떠올린다. 우리 부모님도 내가 여행을 떠난다고 했을 때 돈 낭비하며 놀러가는 것이라 생각하시는 듯했다. 나를 성찰하는데 여행만큼 좋은 것은 없다. 내가 여태까지 살아왔던 환경과는 전혀 다른 환경에서, 다른 생각을 갖고 살아온 사람들과의 만남이 여행에서 이뤄진다. 다른 문화와 다른 생각을 가진 사람과 교류하면서 색다른 경험을 하면 여태 보지 못했던 자신의 새로운 모습을 만날 수 있을 것이다.

알렉산더 그린은 『삶에서 무엇이 가장 중요한가』에서 여행을 통해 새로운 시각을 얻을 수 있다고 했다.

여행은 마음의 용적을 넓힌다. 더 너그러운 마음을 갖게 하며 우리를 다른 인류와 결속시킨다. 타인을 더 많이 이해할수록 우리는 스스로를 더 이해할 수 있게 된다.

어디를 가든 우리는 갖가지 사람들과 뜻하지 않은 상황들을 맞닥뜨리게 된다.

세상을 탐험하는 것은 벽 없는 교실에 들어서는 것과 같다. 그 수업을 듣고 나면 당신의 삶은 풍요로워지고 내면은 변화할 것이다.

— 『삶에서 무엇이 가장 중요한가』 중에서

여행의 종류는 다양하다. 일에 지쳤을 때 떠나는 휴양을 위한 여행, 대학생들이 세상에 대한 호기심을 가지고 떠나는 배낭여행, 어학과 동시에 새로운 문화를 체험할 수 있는 워킹홀리데이, 친구들과 함께 떠나는 우정 여행.

어떤 여행이라 할지라도 배울 점이 생기고 새롭게 느끼는 것들이 생긴다. 하지만 청춘들이 떠나는 여행이라면, 혼자 떠나는 배낭여행을 추천한다. 낯선 환경 속에 혼자 놓이면 모든 선택을 스스로 하며, 나를 돌아보고 생각할 시간이 많아지기 때문이다. 또한 배낭여행의 특성상 현지인들의 생활 속에 깊숙이 들어가게 되는데, 이를 통해 그들의 생각을 경험하고 문화를 배울 수 있게 된다. 다양하고 넓은 세상 속에서 생각하는 힘을 기르면 마침내 나에 대한 성찰이 시작된다.

요즘 스펙의 시대에 맞춰 여행조차도 하나의 스펙으로 자리 잡는 것 같아 안타깝다. 뿐만 아니라 많은 부모들이 자녀들에게 다양한 경험을 시키고자 하는 욕심에 어릴 때부터 해외여행을 자주 다닌다. 좋은 숙소에서 좋은 것만 먹는 여행 또한 가족 간의 추억을 쌓는 좋은 여행이다. 하지만 호기심을 키우고 내면을 성장시키는 경험은 될 수 없다.

어떤 부모가 법륜 스님에게 물었다. 나쁜 친구들과 어울려 다니며 사고를 치는 아들을 어떻게 하면 좋겠냐는 것이었다. 법륜 스님은 여건이 된다면 아들과 함께 인도 여행을 떠나라고 권했다. 단, 편안한 곳에서 자고 먹는 여행이 아닌, 부모가 함께 인도 현지인들의 생활로 들어가 힘들고 어려운 생활을 겪어보라는 것이었다. 역시 혜안이구나 싶었다. 그런 경험을 통하면 넓은 세상을 배우게 되고 동시에 가진 것에 감사할 줄 알게 되며 한층 성장하게 된다.

나는 대학에 들어간 이후 종종 여행을 다녔다. 대학교 1학년 때 호주로 혼자 떠나게 되면서 여행에 대한 문턱이 낮아졌다. 그 후로 친구들과 함께 한 유럽 배낭여행, 사촌동생과 머물렀던 필리핀, 홍콩 맛집 탐방, 중국 승마여행, 캠핑카를 타고 여행한 호주 오지탐험, 가족과 함께한 휴양 등 많은 여행을 다녔다. 하지만 이중에서도 나를 가장 성장시켰던 것은 두 번의 호주 여행이었다.

대학 1학년 여름방학, 호주에서 2달간 어학연수를 했었다. 그동안 부모님 품에서만 지냈던 나에게는 큰 도전이었다.

어학연수라고 하면 상대적으로 편한 것 아니었나 생각할지도 모르겠다. 하지만 내게는 생애 첫 해외에서의 생활이었다. 다른 문화권 가족과의 홈스테이는 그렇게 호락호락하지 않았다. 온실 속에서 부모님 보호 아래 자랐던 내가 처음으로 세상과 마주했던 순간이었다.

정말 많이도 울었다. 이불 한 면이 흠뻑 젖을 만큼 밤새도록 울었다. 언어도 가치관도 다른 곳에서 모든 것을 혼자 결정해야 했고 항상 내 편이었던 부모님과는 달리 사회는 내 편이 아니었다. 세상에서 일어나는 모든 일은 선택의 연속이다. 그리고 그 결과는 오롯이 나의 책임이다. 스스로 생각하고 선택한다는 것이 얼마나 어려운 일인지 그때 처음 느꼈다. 그리고 독립된 성인으로 성장하기 위해서는 힘든 순간을 마냥 피해서는 안 된다는 것 또한 알게 되었다.

그때의 경험은 내 대학생활을 통째로 바꾸어 놓았다. 나는 처음으로 나의 미래에 대해 생각했고, 꿈에 대한 그림을 그렸다. 나의 마음에 어떤 아집이 있는지 알게 되었고, 내가 가지고 있던 선입견을 볼 수 있었다. 새로운 가치관을 형성했고, 부모님께 깊이 감사하는 마음이 생겼다. 무엇보다도 스스로를 높이 평가하고 자신감을 얻었다.

힘든 만큼 빠르게 성장했다.

2009년 대학원을 마치고 다시 직장으로 돌아왔을 때였다. 어느 날 불현 듯 혼자 배낭여행을 떠나야겠다는 생각이 들었다. 나는 또 다시 호주로 날아갔다. 40일 동안 현지인과 함께 부대끼기도 하고 때로는 홀로 외로움을 느끼는 시간을 갖기도 했다. 이 여행은 나에게 도전 정신을 심어 주었고 세상에 홀로 서는 용기를 주었다.

나는 내가 겁이 많고 의존적인 성향이라고 생각해왔다. 하지만 생활의 모든 부분에서 겁이 많은 것은 아니었다. 다른 부분에서는 도전적일 수도 있었다. 어떤 부분에서는 의존적이더라도 또 다른 부분에서는 독립적일 수 있다는 사실을 알게 되었다.

여행을 계획하며 나의 새로운 점을 발견했다. 여행지마다 안정적인 길보다 모험적인 길을 선택하는 나의 모습이었다. 한국 관광객들이 좋아하는 멜번의 12사도 투어에는 서핑을 끼워 넣어 단 한 명의 한국인도 만날 수 없었다. 야외취침을 해야 하는 사막투어를 빼놓지 않았으며, 세계최대의 모래섬 프레이저 아일랜드에서는 안전하고 편한 가이드 투어가 아닌 위험한 셀프 투어를 신청했다. 사막의 동굴에서 지내는 쿠버페디에 들렀고, 스쿠버다이빙 같은 체험도 빼놓지 않았다. 덕분에 여행 내내 한국인은커녕 동양인조차 만나기 어려웠다.

그 모든 일정을 소화하면서 내가 모르던 나와 만났다. 집에서는 부모님이 치워주고 챙겨주셨기 때문에 게으르고 정리할 줄 모르고 건망증이 아주 심한 나였지만, 낯선 곳에서의 나는 새벽에 떠나는 버스 시간에 맞춰 항상 미리 대기하고 있었고 사소한 물건 하나도 잃어버리지 않고 잘 챙기는 꼼꼼함을 보였다. 많은 현지인들, 타국인들을 만나면서 언어에 대한 두려움이 사라졌고 그들의 문화 속으로 들어가기도 하고 우리 문화를 그들에게 소개해주기도 했다. 프레이저 아일랜드에서 보았던 지평선부터 반짝거리는 소금 같은 별, 맨눈으로 보이는 은하수를 보면서 과거 천문학자들의 호기심을 이해하게 되기도 했다. 이 여행을 통해 나는 마냥 부모님에게 기대는 어린아이에서 독립적이고 도전적인 성인으로 성장했다.

이런 이유로 나는 아이들에게 대학에 가면 꼭 여행을 떠나라고 이야기한다. 하지만 늘 돌아오는 대답은 시간과 경제적인 여유가 없다는 변명이다. 물론, 여행에는 어느 정도의 시간적인 여유와 경제적인 여유가 필요하다. 하지만 그들 내면에 여행은 단순한 오락거리라는 생각이 깔려있었다. 그런 여행이 될 수도 있다. 그래서 내면을 성찰할 수 있는 성공적인 여행을 위해서는 뚜렷한 여행 목표가 필요하다. 나는 여행에서 가장 중요한 것은 '마음의 여유'라고 생각한다.

대학 때 친구들과 유럽 배낭여행을 떠난 적이 있다. 계획을 세우는 단계에서부터 우리의 욕심은 대단했다. 17박 18일 동안 6개국을 계획했으니, 한 나라에 길어야 3일정도 머무르는 계획이었다. 그 짧은 일정 속에 책자에 나오는 모든 관광지를 다 집어넣었다. 아주 사소한 곳까지도 말이다.

우리 여행은 어땠을까?

목적지에 도착하자마자 사진만 찍고 이동해야 했다. 런던 도심 한가운데 있는 공원에서 자리를 깔고 누워 책을 읽는 영국인들과는 달리, 우리는 잔디 위에 잠시 앉아보고 다시 걸음을 재촉해야 했다. 결국 그날 마지막 일정이었던 〈오페라의 유령〉을 보면서 꾸벅꾸벅 졸다 나왔다.

한국에 돌아온 뒤 유럽을 다녀오긴 했는데, 기억나는 것이 없었다. 감동도 없었다. 분명 로마의 콜로세움에도 다녀왔는데 가슴 속에 남은 것이 없었다. 루브르 박물관을 찍었지만, 제대로 된 작품 하나 기억나지 않았다. 그 후로 나는 여행 전에 반드시 '여유'를 계획한다. 박물관이 있다면 적어도 한 작품 앞에서 오랜 시간을 보낼 수 있는 여유, 공원이 있다면 벤치에 앉아 책 몇 장을 읽을 수 있는 여유. 그 여유가 바로 생각을 확장시키고, 스스로를 성장시키는 시간이기 때문이다.

학창시절에는 마음먹는다고 훌쩍 떠날 수 있는 상황이 못 된다. 그렇다면 아무런 여행도 할 수 없을까. 여행의 가장 큰 요소는 '낮

삶'이다. 여행이 우리에게 넓은 안목을 주는 이유는 새로운 환경과 새로운 사람들 사이에 내가 놓이게 되는 것에 있다. 일상생활에서도 나를 낯선 곳에 놓아보자. 늘 지내던 곳과는 다른 장소, 늘 만나던 사람과는 다른 사람, 늘 가던 길이 아닌 조금 돌아가더라도 색다른 길. 이런 것들을 통해 새로운 발상이 생기고 새로운 나의 모습을 발견하게 된다.

3
시공간을 넘어 넓은 세상을 만나다 - 독서

#1

"선생님, 저는 공부를 왜 해야 하는지 모르겠어요. 부모님은 곧 고3인데 아직도 정신을 못 차린다고 잔소리만 하세요. 저도 알아요. 열심히 해야 한다는 거요. 그렇지만 안 되는 걸 어떡해요."

맞다. 정말 맞는 말이다. 이유도 모르겠는데 그저 열심히 하라고 한다. 이유를 모르겠는데 좋은 대학에 들어가라고 한다. 공부를 잘 하면 인생이 핀다는 말로 아이들의 마음을 잡을 수는 없다.

"지완아. 이 책을 한번 읽어볼래?"

나는 방황하는 아이들에게 항상 독서를 권한다. 그들의 고민에 따라 책의 종류는 달라진다. 하지만 돌아오는 대답은 항상 같다.

"고등학생이 책이나 읽고 있을 여유가 어딨어요."

대놓고 이렇게 이야기하지 않아도, 대부분 같은 생각이다.

책 한 권 읽는 걸로 뭐가 달라질까 싶겠지만, 그건 독서를 잘 모르는 소리다. 책 한 권으로 얼마든지 인생이 바뀔 수 있다. 뿐만 아니라 자의식을 성장시키는 가장 좋은 방법이 바로 독서다. 책 속에는 다양한 모습의 인생이 담겨있다. 다른 사람들의 삶을 보면서 어떻게 살아가야 할지 생각하게 되고, 그들의 열정과 도전을 배우게 된다.

#2

아침 자습시간, 어김없이 귀에는 이어폰을 꽂고 책상 위에 엎드려 자고 있는 재후를 흔들어 깨웠다. 그때 누군가가 말했다.

"선생님, 재후가 중학교 때는 공부 진짜 잘했어요."

깜짝 놀랐다. 중학교 때 상위권이었던 재후의 성적은 바닥을 치고 있었고, 고등학교 1학년 말에는 반에서 꼴찌에 가까워졌다.

몇 번이나 상담을 했지만, 나의 충고는 전혀 먹히지 않았다.

재후의 부모님은 이혼을 하셨고, 어머니와 함께 살고 있었다. 가정 형편이 어려웠지만, 중학교 시절 꽤 우수한 성적을 유지해왔던 모범생이었다. 재후가 중학교를 졸업할 무렵 어머니가 재혼을 하면서 재후에게 관심을 많이 가져주지 못했던 것이 원인인 것 같았다.

재후는 거의 말이 없었으며, 늘 판타지 소설을 읽고 있었다.

그렇게 교실 맨 뒷자리에 앉아 판타지 소설만 읽던 재후가 졸업한 지 1년이 지난 뒤에 나를 찾아왔다.

재후는 공부를 다시 하고 싶다고 했다.

"그동안 부모님의 이혼과 어려운 가정 형편 때문에 많이 힘들었어요. 미치도록 방황하고 싶었어요. 그런데 어느 순간 제가 뭐하고 있나 싶더라고요. 저와 같은 아이들을 도와주는 사회복지사가 되고 싶어요."

재후는 그동안 책을 통해 마음의 상처를 치유하고 있었다. 그러던 중 『혼자 책 읽는 시간』을 읽게 되었다는 것이다. 가족의 죽음에 대한 슬픔을, 책을 읽으면서 극복해 나가는 내용이었다.

"그 책을 읽으면서 생각해보니, 저도 책으로 치유 받고 싶었던 것 같더라고요. 그리고 이 책 속의 작가처럼 다시 세상에 나올 용기가 생겼어요."

그 책이 자기에게 새로운 인생을 안겨주었다며, 재후는 나에게도 한 권 선물해주었다. 고등학생이 여유롭게 판타지 소설이나 읽는다며 재후에게 핀잔을 준 사람들이 많았다. 나도 겉으로 드러내진 못했지만 꽤나 걱정했었다. 하지만 재후의 독서는 다양한 영역으로 확장되었고, 재후는 성장할 수 있었다.

#3

고2가 된 이준이는 시간 관리를 어떻게 해야 할지 도무지 종잡을 수 없었다. 아침에 일찍 일어나는 편이었지만 아침 시간을 전혀 활용하지 못했다.

자투리 시간을 활용하기 위해 스케줄 표를 작성해보기도 했지만, 쓰는 것으로 끝나버려 생활 속에 반영이 되지 않았다.

이준이는 밤늦게까지 공부해야 하는 게 아닌가 고민하던 차에 『아침형 인간』이라는 책을 읽게 되었다.

'새벽의 1시간은 저녁의 3시간에 맞먹는다.'

이준이는 늦게까지 공부하는 친구들을 보며 조급한 마음을 먹지 않게 되었다. 그리고 조금 더 일찍 일어나서 아침 시간에 매일 영어 듣기를 하고 등교하는 계획을 세웠다.

영어 듣기는 매일 해야지 하면서도 다른 공부에 밀려 번번이 실패하곤 했는데, 아침 시간을 활용한 뒤로부터 영어 듣기에 자신감이 생겼다. 그러자 점점 다른 자투리 시간을 활용하는 습관도 잡혀갔다.

책의 유용성에 대해 이야기하자면 끝이 없다. 그런데 왜 우리는 유독 어릴 때부터 책과 담을 쌓게 되는 걸까. 그 이유 중 하나는 잘못된 '독서 잔소리'이다. 공부하라고 떠밀면 더 하기 싫어지듯, 책 읽으라는 잔소리가 독서를 하기 싫은 일로 만들어버렸다. 게다가 쳐다만 봐도 숨 막히는 전집, 아무래도 흥미가 생기지 않는 청소년 필독서가 우리와 책의 거리를 멀어지도록 만들었다.

물론 문학과 위인전 등의 필독서는 꼭 읽어야하는 좋은 책이다. 하지만 가장 먼저 고려되어야 하는 것은 나의 수준과 갈증이다. 바로 읽어서 이해가 되고, 지금 내가 직면한 문제를 해결해줄 수 있는 책이 가장 좋은 책이다.

나도 고등학교 때까지 책과 담을 쌓고 살았다. 교과서 읽는 것도 힘든데, 책이라니. 상상도 못할 일이었다. 대학을 졸업할 때쯤부터 책을 읽기 시작했다. 한 권의 책이 세상을 보는 눈을 바꾸었고, 또 다른 책으로 시간을 관리하는 법을 배웠다. 지금은 어딜 가나 손에서 책을 놓지 않는다. 읽는 양이 늘어날수록 세상을 바라보는 안목이 달라지고 생각이 깊어짐을 느낀다.

학교에서는 독후감을 어떻게 쓰는 것인지 가르쳐주지도 않고, 방학마다 독후감 숙제를 내줬다. 그것도 너무 재미없고 어려운 책들로 말이다. 집에는 난해하고 지겨운 문학전집이 꽉 차있었다. 문학전집은 그 나이 때에 그 정도 책은 충분히 이해할 수 있어야 한다는 압박감을 주었다. 알고 보면 책은 재미있는 이야기일 뿐인데, 언젠가부터 독서가 지식교육의 연장선에 서게 되면서 우리와 점점 멀어져갔다.

책을 통해 무언가를 얻으려 하지 말고, 그냥 이야기 속에 빠져보자. 자신이 좋아하는 이야기 속에 빠지다보면, 점점 관심 분야가 깊어지고 넓어진다. 그런 과정 속에서 자신도 모르게 얻게 되는 것이 있는데 그것이 세상에 대한 안목이고, 지혜이다. 독서는 지식을 쌓기 위한 목적으로 행하는 것이 아니다. 책을 읽다보면 지혜가 따라온다.

몇 년 전 『나나의 네버엔딩 스토리』라는 책을 읽었다. '미스코리아 진'이 하버드에서 새로운 도전을 하는 이야기이다. 너무나도 멀게만 느껴지는 천재들의 소굴 하버드. 하지만 그들 또한 평범한 사람이었다. 도전하고 좌절하고 실패의 쓴맛을 보면서도 다시 도전하는 그 열정에 감동받았다. 하지만 이 책에서 마음의 위안을 얻을 수 있었던 것은 미스코리아도 스트레스를 받으면 초콜릿을 탐닉하고 폭식증에 걸리기도 한다는 사실, 하버드생들도 불안해지면 손톱을 물어뜯고 피가 날 때까지 입술을 잡아 뜯기도 한다는 사실을 알게 되면서 나를 한층 더 이해하고 인정해줄 수 있었다.

공부를 잘하는 친구들을 보면 나와는 종자가 다른 사람이라고 생각했다. 그들은 나처럼 힘들지 않고, 타고난 재능 덕분에 편하게 산다고 생각했다. 하지만 하버드생들도 수업을 알아들을 수 없어 강의를 녹음해 수십 번 반복해 듣기도 하고, 보이는 사람마다 도와달라며 질문을 하기도 한다. 그들도 그렇게 헤매면서 한걸음씩 겨우겨우 나아가고 있다는 사실을 진작 알았더라면, 넘어지고 실패하는 나 자신을 좀 더 보듬어줄 수 있었을 것이다. 처음 이 책을 읽었을 때 내 가슴 안에서 어떤 불씨가 꿈틀거렸다. 나도 학창시절에 이런 세상을 알았더라면, 좀 더 큰 꿈을 꾸고 도전하지 않았을까 하는 생각이 파고들었다.

지금도 책 속에 나오는 다양한 삶을 들여다보면 때로는 부럽기도 하고, 때로는 내 안의 새로운 꿈과 열정을 발견하기도 한다. 한참 세상과 부딪히며 자신의 한계를 느끼고, 좌절을 경험하는 10대부터 책을 통해 새로운 세상을 알게 되었더라면 내 삶은 한층 달라졌을 것이라 확신한다.

얼마 전『비주얼 씽킹』이라는 책을 읽고 15년 만에 그림을 그리기 시작했다. 공대 출신에 대기업 연구원이었던 저자는 뒤늦게 그림을 그리기 시작하며 새로운 인생을 찾았다. 누구든지 연습을 통해 그림을 잘 그릴 수 있다는 저자의 책을 통해 나는 또 하나의 도전을 꿈꾸게 되었다.

그 책을 잡지 않았더라면, 나는 여전히 그림은 내 영역이 아니라는 생각으로 살아갔을 것이다. 이렇듯 책은 우리에게 새로운 세상을 안내해준다.

앞에서 꿈을 찾는 재료로 경험과 여행을 소개했다. 그 두 가지 재료는 시간과 공간이 필요하다. 하지만 시간적, 공간적 제약을 줄이면서도 큰 효과를 볼 수 있는 방법이 바로 독서이다.

책은 시공간을 초월한 경험을 선사한다. 책상 앞에 가만히 앉아서 천 년 전의 이야기를 들을 수도 있고, 세계 여러 나라를 경험할 수도 있다. 한 권의 책 속에는 작가의 경험이 녹아있고, 인생이 담겨있다. 나보다 먼저 험한 세상을 살아간 그들의 모습에 나를 비춰 내가 나아가야 할 방향에 대해 고민할 수도 있고, 때로는 답을 찾을 수도 있다.

다산 정약용은 유배지에서 건강을 해칠 정도로 책을 읽었다. 우리의 실정은 어떠한가? 책 읽기를 권하면 그런 쓸데없는 일을 할 시간적 여유가 어디 있냐는 표정들이다. 바쁜 수험생에게 한가로이 책이나 읽으라고 하다니, 귓등으로도 듣지 않는다. 어떤 부모는 문제집이 아니라 책을 읽으라고 한 게 맞냐며 의아해 한다.

물론 대한민국 중고등학생은 누구보다도 바쁘다. 하지만 '바쁘다'는 것은 무슨 의미일까? 워런 버핏이나 빌 게이츠는 아무리 바빠도 책 읽을 시간은 확보한다고 한다. 안철수는 엘리베이터에서 읽는 것만으로도 한 달에 2~3권은 읽는다고 한다. 우리가 그들보다 바쁠까? 나는 바쁘다는 말을 입에 달고 사는 사람은 진짜로 일이 많다기보다 시간활용을 잘하지 못하는 사람이라고 본다. 공부할 시간이 부족하다고? 그렇다면 지금 당장 시간 관리에 관한 책부터 읽어보길 바란다.

내가 가장 열심히 공부했던 건 임용 준비 때였다. 매일 12시간 이상 공부에 할애했던 그 열정은 사실 한 권의 책에서 시작되었다. 매일 아침 도서관에 도착하면 단 30분이라도 자기관리에 관한 책을 읽으며 마음을 다잡았다.

적당히 노닥거리고 적당히 공부하지만 엄청난 무게의 스트레스를 견뎌야하는 대한민국의 수험생을 위한 처방은 '책'이다. 지금 당장 수학 한 문제 더 푸는 것이 중요할까, 아니면 내 앞에 놓은 문제를 왜 풀어야하는지 이유를 찾는 일이 더 중요할까. 나만의 꿈을 찾고, 나를 믿고 일어서는 법을 배우며, 왜 공부해야 하는지 이유를 발견하고, 열정을 찾는 일. 그 외에도 나에게 맞는 공부법을 찾고 시간 관리법을 배우는 일. 이 모든 것이 책 안에 있다 해도 과언이 아니다.

독서를 통해 넓은 세상을 만날 수 있고, 지혜를 얻을 수 있다.

☆★청소년을 위한 독서 Tip★☆

1. 청소년 필독서가 아닌 쉽고 흥미 있는 책부터 읽는다.

책이 멀게만 느껴지는 이유는 의무감으로 다가오는 무시무시한 청소년 필독서 목록 때문이다. 양질의 책을 읽는 것도 중요하지만, 이건 차후의 문제이다. 우선은 책과 친해지고 독서 습관을 갖는 것이 먼저다. 흥미 없는 책을 백날 들고 있어봤자 아무런 득이 없다. 쉽고 재미있는 책부터 다가가자. 어떤 장르라도 좋다. 자신이 지금 어떤 문제로 고민하고 있다면, 그 갈증을 해소시켜 줄 책을 찾아 읽기 바란다. 그 책이 지금 스스로에게 가장 좋은 책이다. 독서 습관이 쌓이면 다양한 분야의 좋은 책에 저절로 손이 가게 된다.

2. 독후감 대신 책에 밑줄을 긋자.

밀린 일기보다 어려운 것이 독후감이다. 책을 읽고 기록을 남기는 것은 능동적인 독서로 나의 생각을 발전시킬 수 있는 중요한 활동이다. 하지만 독후 활동이 스트레스로 작용한다면, 책과 멀어질 뿐이다. 독후감은 잊자. 대신에 독서 중에 중요한 표현이나 마음에 와닿는 구절이 있다면 책에 밑줄을 긋고, 나의 생각도 바로 적어두자.

3. 10-10-10독서

바쁜 수험생은 문제 하나 더 풀 시간도 부족하다. 당연히 따로 시간을 내어 책을 읽기에는 무리가 따르는데, 하루에 딱 30분(아침 10

분, 점심 10분, 밤 10분)만 시간을 내어보자. 따로 시간을 내기보다 흘러 지나가는 자투리 시간을 잡는 것이다.

아침에 눈을 뜨면, 잠자리에서 나오기 전에 바로 옆에 준비해둔 책을 읽는다. 이때는 하루를 긍정적으로 시작할 수 있는 활기찬 책이 좋다. 점심시간 10분 독서, 공부법이나 관심 분야의 성공한 사람들의 자서전 같은 공부에 도움이 되는 책이면 좋겠다. 그리고 잠에 들기 전 10분 독서, 이때는 소설과 같은 흥미진진한 이야기는 자칫 잠을 깰 수 있으니 삼가는 게 좋다. 하루 30분. 이 정도면 충분하다.

4. 공부를 시작하기 전 10분, 자기계발서를 읽어라.

공부하려고 책상 앞에 앉았는데 잡생각이 들 때가 있다. 그럴 때는 심기일전할 수 있는 자기계발서를 읽어보자. 잠깐 동안 한 단락 정도만 읽어도 좋다. 나는 새벽에 도서관에 도착해서 졸음도 쏟아지고 아무도 없는 텅 빈 도서관에서 휑함을 느낄 때, 『아침형 인간』을 매일 조금씩 읽었다.

5. 꼭 한 권을 끝내야 할 이유는 없다.

간혹 선택한 책이 너무 재미없어서 진도가 나가지 않는 경우가 있다. 그 책을 끝까지 읽어야 한다는 의무감에 사로잡힐 필요는 없다. 흥미가 없다면 과감히 덮자. 시간이나 장소마다 다른 종류의 책을 읽는 것도 좋다.

4
우리에게는 여유가 필요하다 – 휴식

#1

"선생님. 우리 지혁이가 이렇게 말주변이 없고, 자기 것을 못 챙겨서 어떡할까요. 너무 내성적이라 사회생활이나 잘할 수 있을지 모르겠네요. 일찍부터 공무원 시험을 준비시키는 게 좋지 않을까요?"

상담하러 오신 지혁이 어머니는 한참동안 하소연을 하셨다. 나는 갸우뚱했다.
'지혁이가 내성적이라고?'

지혁이는 눈에 띄지 않는 학생이기는 했다. 하지만 종종 청소시간에 친구들과 장난치다가 혼나기도 하고, 재치 있는 말에 친구들의 웃음보를 터뜨리게 만들기도 했다. 큰 소리를 내지는 않았지만, 친구들과 잘 어울리고 조근조근 할 말은 다 하는 아이였다.

"어머니, 그런 문제로 걱정하지 않으셔도 될 것 같아요. 지혁이는 학교에서는 정말 잘 지내거든요."

"네? 그럴 리가요? 집에만 오면 어깨가 축 처져서 방에서 꼼짝을 안 해요. 친척들 모임을 가도 사촌들이 묻는 말에만 대답하고요. 기가 죽어있는 모습에 답답할 때가 정말 많아요."

다음날 지혁이와 대화해보았더니, 친구들이 더 편하다고 하는 것이 아무래도 사춘기인 모양이었다.

지혁이와 비슷한 일화는 꽤 많다. 학교에 찾아오는 부모님들의 이야기를 들어보면, 집에서의 생활과 학교에서의 모습은 영 딴판이다. 물론, 선생님이 보는 모습도 일부분에 불과할 것이다. 사춘기에 어른과의 관계는 또래 친구들과의 관계와 판이하게 다르기 때문이다. 그런데도 부모님이나 선생님이 '너는 이렇고, 저렇다'라고 하는 이야기들을 그대로 받아들이고 그게 자신의 진짜 모습이라고 생각하는 경우가 많다.

꿈 강의로 유명한 김미경 강사는 학창 시절 사범대에 진학하라는 엄마에게 이렇게 말했다고 한다.

"엄마는 일하다가 띄엄띄엄 내 생각하지? 나는 24시간 내내 내 생각만 한다고! 그러니 누가 나에 대해 더 잘 알겠어?"

부모님이 나를 아주 많이 사랑한다고 해서 나에 대해 모든 것을
아는 것은 아니다.

얼마 전, 엄마와 함께 김미경 강사의 강연에 갈 기회가 있었다.

학창시절 그녀는 절대 교사가 될 수는 없을 것 같았다며, 이렇게
말했다. "나는 내가 똑같은 슬리퍼를 신고 똑같은 복도를 30년 동안
걸어 다닐 수 없다는 사실을 확실히 알고 있었어요."

속으로 피식 웃으며 완전히 공감했다. 어릴 적 나는 왜 그런 생
각을 못했을까 싶었는데, 옆에서 엄마는 내 표정을 살피고 있었다.

딸의 직장에 대한 이야기 때문에 혹시나 내가 기분 나빠할까 봐
걱정하는 눈치였다.

"엄마. 나는 저 말이 정말 와 닿고, 공감돼."

생각해보면 사춘기가 훨씬 지났고, 엄마와 친구같이 지내는 나도 속마음을 모두 이야기하진 않는다. 특히, 가치관이나 내가 바라는 삶, 꿈에 관한 이야기를 한 적이 없으니 엄마가 오해할 만도 하다. 나의 꿈은 부모님이 바라는 안정적인 엘리트 코스가 아님이 분명하기 때문이다.

우리는 종종 타인에 의해 스스로를 규정한다. 우리는 자신에 대해 아주 잘 알고 있다고 생각하지만, 의외로 대부분의 평가가 나의 생각에서 나온 것이 아니다. 부모님이나 가까운 친구들의 판단을 내 모습으로 여기는 경우가 많다.

그들이 나에 대해 얼마나 알고 있을까? 아무리 가까운 부모, 형제라도 자신의 깊은 속마음까지 알 수 없다. 그들이 생각하는 나는 집에서 보내는 몇 시간동안에 겉으로 드러나는 내 모습의 한 단면이다. 그들은 나에 대해 잘 모른다. 나에 대해 가장 잘 알 수 있는 사람은 '나'뿐이다. 남이 하는 말에 귀 기울이지 말고, 나의 진짜 모습을 발견하기 위해서는 나의 내면을 들여다보는 시간이 필요하다.

#2
아버지는 성공한 건축가였다. 진로를 결정할 무렵 나는 당연히 아버지와 같은 길을 걸어야 한다고 생각했다. 나는 아버지의 피를 이어받았으니, 아버지와 같은 재능이 있다는 건 당연해 보였다. 어릴 때부터 아버지는 건축가로서의 나의 재능을 발견하고 칭찬해주었다. 레고로 집 만들기를 좋아했던 것도 아버지의 재능을 이어받은 것이라 생각했다. 건축 기술고등학교를 졸업하고 대학에서 건축학을 전공했다. 공부는 꽤 흥미로웠다. 하지만 딱 거기까지였다. 10년 동안 공부한 후, 내 열정은 건축에 있지 않다는 것을 알게 되었다. 처음으로 내가 잘하는 일이, 그리고 원하는 일이 건축이 아닐 수 있다는 생각이 들었다. 나는 심리학으로 진로를 바꾸었다. 물론, 일시적인 슬럼프를 잘못 해석해서 10년이라는 시간을 버릴 수도 있었다. 하지만, 지금 생각해보면 최고의 선택이었다.

–『내가 혼자 여행하는 이유』 중에서

#3

　빌 게이츠의 아버지는 잘나가던 변호사였다. 빌게이츠 역시 아버지를 이어 하버드 법대에 진학했다. 하지만 그는 자신이 좋아하는 일이 컴퓨터라는 것을 발견했다. 그리고 하버드에서의 수업은 그에게도 힘들었다. 빌 게이츠보다 똑똑한 학생들이 수두룩했다. 그는 아버지의 뒤를 이을 법조인이 아닌 컴퓨터를 선택했다.

　또 하나, 우리 자신을 판단하는 잣대로 유전이 있다. 부모의 재능을 그대로 이어받았을 것이라는 생각이다. 아주 과학적으로 보인다. 꼭 직업이 아니더라도 나의 성격과 성향, 생활습관 등 많은 부분을 부모님의 모습에서 찾으려고 한다. 부모님이 음치면 자신도 당연히 음치라고 생각한다. 부모님이 자연계 출신이면 아이도 당연히 과학을 잘 할 거라 생각하고, 부모님이 문과계열이면 자녀도 문과로 진학하는 경우가 많다.

과연 유전의 힘은 얼마나 클까?

어느 산부인과 의사의 말이다.

"부모로부터 받는 유전의 영향이 가장 큰 것이 바로 '키'입니다. 하지만 키도 유전의 영향은 31%밖에 되지 않아요"

예술가 부모를 둔 친구들은 예술을 잘 하는 경우가 많다. 이는 유전의 영향이라기보다는 어릴 때부터 예술에 많이 노출되었기 때문이다. 부모님이 잘 아는 분야이기 때문에 안내자로서의 역할을 잘할 수 있는 것이며, 위 사례처럼 부모의 길을 따라가는 것을 당연하게 받아들이기 때문이다.

자수성가한 아버지의 사업을 물려받아 얼마 지나지 않아 송두리째 날리는 사람들이 많이 있다. 별 고민 없이 아버지가 사업을 잘하셨으니, 자신도 사업에 기질이 있을 거라고 생각한 것이다. 하지만 아버지가 사업을 잘했던 것은 아무것도 없는 밑바닥에서부터 고생하면서 모든 것을 배워왔기 때문이다. 그런데 그러한 경험 없이 유전의 힘만 믿고 사업을 물려받았다가 힘들게 일군 아버지의 사업을 망치는 경우가 허다하다.

이처럼 부모를 닮았을 것이라는 전제는 위험한 것이다.

이렇게 주변에서 하는 이야기나 부모라는 거울에 비친 모습이 아닌, 나의 진짜 모습을 발견하기 위해서는 내면을 들여다보는 시간이 필요하다.

이쯤에서 보면 나를 찾는다는 것은 꽤 어려운 일임에 분명하다. 나에 대해 알기 위해서는 외부와의 대화가 아닌, 내면과의 대화가 절실하기 때문이다. 나 스스로에게 끊임없이 질문을 던지고 답을 생각하는 과정을 거쳐 내면을 바라봐야 한다.

앞에서 이야기했던 나를 발견하는데 필요한 재료들(경험, 여행, 독서)을 통해 얻은 것들을 버무릴 시간, 즉 생각하는 시간이 필요하다.

경험은 다양한 분야에 호기심을 가질 수 있도록 해주지만, 그것이 나를 발견하는데 직결되지는 않는다. 하지만 경험 중에 일어나는 나의 느낌과 생각은 나를 찾는데 도움이 된다.

나는 어떤 일을 좋아하고 어떤 일을 싫어하는지, 다른 사람과 함께 하는 일을 좋아하는지 혼자 하는 일을 좋아하는지, 나는 정리를 잘하는 사람인지, 새로운 사람을 만나는 것이 좋은지, 오랜 관계가 좋은지, 이 모든 것에 좋고 나쁨은 없다. 내가 어떤 사람인지 아는 것이 중요할 뿐이다.

똑같이 숲속에서 노는 것을 좋아하지만, 어떤 친구는 자연 그 자체를 좋아하고, 어떤 친구는 자연 속의 규칙이나 논리성을 발견하는 것에 흥미가 있다. 차를 좋아하는 두 사람이 있더라도 한 사람은 차의 디자인을 좋아하고 또 다른 사람은 차 번호판으로 하는 숫자놀이를 즐긴다. 나를 발견하는 과정은 그저 '나는 차가 좋아', '나는 그림이 좋아'가 아니다. 그 속에 숨겨진 나의 다양한 특성들에 대해 진지하게 고민하고 생각해봐야 한다.

하지만 현대인들에게는 자기 자신에 대해 생각할 기회가 부족하다. 왜 그럴까?

제대로 된 휴식을 취하지 못하기 때문이다.

긍정적 게으름

바쁜 사회는 아무 것도 하지 않고 혼자 있는 시간을 비생산적인 시간으로 받아들인다. 때문에 아무 것도 하지 않고 있는 사람을 게으른 사람으로 치부한다. 그래서 현대인들은 시간적 여유가 생기면 스스로 사색하는 시간으로 쓰기 보다는 뭔가 생산적인 일을 하려고 든다.

#4

"지성아, 너 요즘 시간 많겠네? 뭐하고 지내?"

"중요한 시험도 끝났고 조금 여유가 생겼는데, 갑작스럽게 시간이 생기니깐 대체 뭘 해야 할지 모르겠어요."

"뭘 해야 할지 모르겠다니? 좀 쉬면서 새로운 취미도 즐기고 놀기도 하고 여유롭게 지내."

"그러고 싶긴 한데, 제가 대학 때부터 지금까지 늘 무언가를 해왔
잖아요. 사실, 어떻게 놀아야 할지 잘 모르겠어요."

당황했다. 아니, 노는 법을 모르겠다고?
그날은 서울대 로스쿨 발표일이었다. 로스쿨에 지원했던 지성이
의 합격소식에 축하해줄 겸 잠시 만났다. 지성이는 서울대를 졸업하
고 로스쿨을 준비했다. 서울대에 다닐 때부터 열심히 지내더니, 원
하던 시험에 합격하고도 그 기쁨을 제대로 누리지 못하고 있었다.
지성이는 뭔가 새로운 공부거리를 찾아야 할 것 같다고 했다.

정말 이런 사람이 있을까 싶겠지만, 실제 이야기이다. 정신분석가
카렌 호나이는 현대인들은 '슈드비 콤플렉스'로 정신건강을 해친다
고 말한다. '늘 이러이러 해야 한다'는 강박증에 시달려 자기 자신으
로 살지 못하고 미래를 위해 현재를 희생한다는 것이다. 이러한 사
람들은 아무 것도 하지 않고 가만히 있는 시간을 견디지 못한다. 시
간낭비라고 생각한다. '시간은 금이다'라는 말을 최고의 자기계발로
여기고 1분 1초를 그냥 보내지 못한다. 아무것도 하지 못하고 시간
을 보내면 불안해한다.

물론 시간은 중요하다. 나 역시 시간 관리의 중요성에 대해 강조
하고 싶다. 하지만 미래를 꿈꾸는 우리에게 때로는 게으름도 필요

하다. 빈둥거리는 시간은 그냥 흘려보내는 시간이 아니다. 내 인생에 대해 생각하고 고민하고 상상하는 시간이다. 이는 긍정적인 게으름이다.

긍정적인 게으름은 바로 '여유'다.
문요한의 『굿바이 게으름』에서는 게으름과 여유는 명백히 구분되어야 한다고 말한다.

여유는 능동적 선택에 의한 것이고, 게으름은 선택을 피하기 때문에 찾아오는 것이다. 여유는 할 일을 하면서 충분히 쉬는 것이지만, 게으름은 할 일도 안 하면서 제대로 쉬지도 못하는 것이다. 삶의 풍요로움을 느끼게 해주는 것은 여유이고, 후회만을 남기는 것이 게으름이다.

- 『굿바이 게으름』 중에서

진정한 휴식
다른 이유로 제대로 된 휴식을 취하지 못하는 친구들이 더 많다. TV나 스마트폰에서 떨어지지 못하는 것이 그 이유이다.

우리에겐 느리게 걷는 시간도 필요한데, 나의 내면을 만나는 진정한 휴식이란 무엇일까?

방송인 김제동은 한 방송에서 휴식에 대해 이렇게 이야기했다. 휴식을 한자로 적으면 休(쉴 휴), 息(쉴 식)이다. 休(쉴 휴)를 보면 나무 옆에 사람이 서 있다. 息(쉴 식)은 스스로 자 아래에 마음 심이 있다. 마음속에 나만 두고 있어야 한다는 것이다. 즉, 휴식은 나무 옆에서 자신의 마음을 잘 들여다보는 것이다. TV나 스마트폰, 책을 모두 내려놓고 나 혼자만의 시간에 내 마음속을 들여다보는 것이 진정한 휴식이다.

알렉산더 그린은 『삶에서 무엇이 가장 중요한가』라는 저서에서 게으름을 예찬한다. 왜냐하면 게으름은 우리를 명상하게 하고, 창조력을 꽃피우고 발명에 불을 붙이기 때문이다.

책상 앞에 앉아 있다고, 성적이 좋다고 '꿈'이 저절로 찾아오는 것이 아니다. 공부만 열심히 한다고 해서 인생의 큰 그림이 바뀌지는 않는다. 끊임없이 내 인생에 대해 생각하고 나의 삶에 대해 고민하고 나의 의미, 나의 가치에 대해 탐구하는 노력 뒤에 따라오는 것이 꿈이다.

5
무엇보다 중요한 '지금, 여기'

#1

나 이영호는 고등학교 1학년이다. 나는 아직 내가 뭘 해야 할지 모르겠다. 진로시간에는 꿈이 뭔지 적어보라고 하고, 좋아하는 것과 잘하는 것을 물어본다. 좋아하는 거라면 게임? 만화책? 나처럼 공부에도 소질이 없고, 그렇다고 음악이나 미술을 잘하는 것도 아니면 어떻게 하라고. 남들은 다들 잘 하는 게 하나씩은 있는데. 나는 뭐 이렇게 태어나고 싶었나.

게임하다가 오늘도 재수 없게 담임한테 걸렸다. 수업 시간도 아니고 쉬는 시간에 게임 좀 하는 게 어때서.

나도 뭔가 하고 싶다고! 그렇지만 뭘 해야 할지 모르겠는 걸 어떡하라고. 아직은 내 꿈을 찾지 못해서 방황하고 있지만 두고 봐. 나도 꿈이 생기면 정말 누구보다도 열심히 할 테니깐.

그나저나 이번엔 네 번째라 한 달 동안 휴대폰 압수일 텐데, 빨리 받을 수 있는 방법이 없을까?

꿈을 찾는 여정은 그렇게 호락호락하지 않다. 앞에서 소개한 것처럼 다양한 경험을 시도하고 여행을 떠나고 책을 읽고 나에 대해 진지하게 생각하는 시간을 가졌다고 해도 꿈이 하루아침에 어디선가 떨어지는 것이 아니다. 그런 시간들이 쌓이고 쌓였을 때, 나도 모르게 가슴 속에 싹트는 것이 꿈이다. 그렇다면 그동안 무엇을 해야 할까?

한 교실에 35명의 학생들 중 절반 이상이 영호와 같은 생각을 한다. 대체로 게임에 빠져있거나, 아무런 생각 없이 가방만 메고 학교에 왔다갔다 한다. 가끔 불러서 이야기해보면 영호와 같은 말을 한다.
"전 아직 뭐가 되고 싶은지 잘 모르겠어요. 저도 꿈이 생기면 열심히 할 거에요."

아직 꿈이 없어도 괜찮다.
하지만, 꿈이 없다는 핑계로 현재를 그냥 흘려보내도 되는 건 아니다.

영호는 꿈을 찾으면 정말 자신의 열정을 다하게 될까? 그럴 가능성은 매우 희박하다. 지금의 생활에 변화가 없다면, 영호에게는 앞으로도 아무 일도 일어나지 않을 것이다.

　아무 것도 하지 않는 사람에게 어느 날 갑자기 '꿈'이라는 선물이 배달되진 않는다. 나는 '기회는 준비된 자에게 온다'는 말을 좋아한다. 나도 주변 사람들에게 "난 그냥 운이 좋았어."라는 말을 종종 하지만, 사실 운이라는 것은 현재에 최선을 다한 사람에게 찾아오는 선물이다. 기회는 모든 사람에게 주어진다. 하지만 그 기회를 잡는 사람이 있는가 하면 자신에게 기회가 온 줄도 모르고 지나쳐 버리는 사람이 있다. 기회를 잡는 사람은 '지금 여기, 이 순간'에 최선을 다하고 있는 사람이다. 우리는 그런 사람을 보고 운이 좋다고 말한다.

　청소년은 고민이 많은 시기이다. 나도 선택의 기로에 섰거나 고민거리가 머릿속을 떠나지 않을 때, 다른 일에 집중하기 힘들다. 눈은 책을 향하고 있지만 고민거리 때문에 공부에 집중하지 못하고 갈팡질팡하는 친구들의 심정을 100% 이해한다. 하지만 막상 그들의 이야기를 들어보면, 지금 당장 해결하지 못하는 고민들이 대부분이다.
　'어제 친구와 싸웠어요.' 이런 문제는 차라리 낫다. 대다수가 진로에 대한 고민인데 이 문제는 지금 당장 결정내릴 수 있는 것이 아니다. 물론, 아주 중요한 문제인 것은 맞다. 하지만 하루아침에 답이 나오는 문제가 아니기 때문에 마음의 결정이 내려지지 않았다고 몇 달의 시간을 그저 흘려보내는 것은 바람직하지 않다.
　조동성 서울대 교수가 청년들에게 들려주는 이야기인 『장미와 찔

레』에 이런 구절이 나온다.

"세상일은 어떻게 될지 모르기 때문에 자신의 미래를 구체적으로 예측해서 그 길대로 가는 것보다 매순간순간에 최선을 다하는 것이 진정 성공을 위한 지름길일지도 몰라. 고민이 많다는 이유로 지금 이 순간을 소홀히 보내지 말게."

마지막 문장을 읽는 순간 짜릿했다. 지금이라는 순간에 집중할 때 오히려 나를 괴롭히던 문제가 해결되고 길이 보이는 경우가 더 많았기 때문이다.

#2

서준이 엄마는 고3 아들의 공부하는 모습만 보면 답답하다. 잠은 또 왜 그렇게 많은지. 고3 아들 뒷바라지 하느라 친구들 모임도 안 나가고 식사도 매일 영양식으로 챙겨 먹이는데, 기대만큼 공부하지 않는 아들의 모습을 보면 안타깝기도 하고 한심하기도 하다.

서준이는 공부에 별로 흥미가 없다. 왜 해야 하는지 모른다고 말한다. 예전부터 공부보다 미술에 관심이 많았다. 대학에 진학한 후에 그림 공부를 하려고 참고 있었는데 요즘 들어 부쩍 그림 공부가 하고 싶어진 것이다.

서준이에게는 두 가지의 선택안이 있다.

먼저, 입시공부를 그만두고 하고 싶은 미술을 하는 방법이다. 물론, 부모님의 반대가 심할 것이다. 이겨낼 수 있다면 하면 되고 아니면 포기해야 한다. 위험 또한 따른다. 지금까지 미술 공부를 하면서 준비해왔다면 별 문제가 되지 않는다. 하지만 그런 게 아니라면 고3이 되어 공부를 포기하고 미술을 시작하겠다는 것은 무모한 도전으로 보인다. 그래도 몇 개월의 시간을 기다리는 것도 아깝다면 미술 공부를 시작하면 된다. 단, 시작했다면 정말 최선을 다해야 한다.

두 번째 선택으로는 우선 수능공부에 최선을 다하는 것이다. 그리고 수능이 끝난 후 미술공부를 시작하는 것이다. 사실 몇 개월 먼저 시작하나, 늦게 시작하나 큰 차이는 없다. 게다가 대학은 갈 수 있는 안전한 선택지이다.

자, 여러분의 선택은 무엇인가? 옳은 답은 없다. 단지, 선택일 뿐이다. 하지만 명심해야 할 것이 있다. 어떤 선택이든 여러분의 몫이지만, 선택 후에는 자신 앞에 놓인 공부에 최선을 다해야 한다는 것이다. 1번을 선택했다면 미술 공부에, 2번을 선택했다면 수능 공부에 매진해야 하겠지만 대부분은 2번을 선택하고 1번에 대한 미련을 떨치지 못한다. 그래서 이도저도 아닌 결과를 초래한다. 미술 공부도 하지 않고 그렇다고 수능 공부를 제대로 하는 것도 아닌 채로 말이다.

우리는 그동안 미래를 위해 현재의 행복을 포기하는 것을 미덕으로 생각해왔다. 과거에 매이는 사람은 부정적으로 보면서도, 미래에 매이는 사람은 바람직하다고 봤다.

　　과거 때문에, 혹은 미래를 위해 현재, 지금 이 순간을 희생하는 것이 과연 옳은 일일까?

　　그렇지 않다. 지금 이 순간도 내 삶의 일부분이다. 과거와 미래보다 더 중요한 순간이다. 현재 내게 주어진 시간과 지금 내가 있는 장소에 즐겁게 몰두하는 것이 행복으로 가는 길이다. 인생은 그렇게 현재를 채워가며 만들어가는 것이다.

　　꿈이 없어도 괜찮다.

　　지금 현재에 충실하다 보면 꿈은 자연스럽게 생긴다.

　　지금 내가 하고 있는 것과 다른 꿈을 가지고 있어도 괜찮다.

　　지금 하고 있는 일이 언젠가 이룰 내 꿈에 든든한 밑거름이 될 것이다.

　　그러니 지금, 여기, 이 순간에 최선을 다하자.

'다현 쌤이 보내는 응원의 편지'

애들아,

꿈이라는 숙제는 책상 앞에 앉아서 고민한다고 쉽게 해결되는 것이 아니란다. 하루에도 몇 번씩 마음이 바뀌고, 하고 싶은 일이 달라지지? 주변 친구들 모두 그런 과정을 겪고 있어. 변화하는 마음을 그대로 받아들이면서 좀 더 느긋하게 지켜봐줘.

꿈이 성공을 가리키는 길이라면 빨리 정해서 빨리 달려야겠지만, 꿈은 성공의 나침반이 아니라 인생의 방향을 설정하는 거야. 그래서 오랜 시간 숙성이 필요하단다.

왜 이렇게 꿈이라는 숙제를 해결하기 힘든 걸까. 선생님은 가장 큰 이유로 혼자만의 시간이 부족하다는 것을 꼽고 싶어.

중학교만 들어가면 개성은 억제하고 지식을 주입하기에 급급한 교육 현실. 책상 앞에 앉아 교과서 외의 다른 세계는 경험하지 못하는 현실 속에서 자기 자신을 바라볼 시간을 잃어버리고 있다고 생각해. 결국 청소년기의 과업인 자기 정체성을 찾지 못한 채 어른이 되어가고 있다고나 할까.

사실 꿈은 밖에서 찾는 것이 아니라, 나의 내면을 들여다보고 안에서 발견하는 것이거든. 결국 꿈은 나 자신을 찾는 문제로 수렴돼.

나는 나를 잘 알 것 같지만, 사실은 그게 쉽지 않아. 색다른 경험을 많이 해보고 그 속에서 자신의 생각과 감정을 잘 들여다봐야 한단다.

하지만 익숙하지 않은 일을 경험한다는 것이 생각만큼 쉽지는 않지? 특히, 어린 시절 주위로부터 '못 한다'는 평가를 받았거나, 웃음거리가 되었던 일이 있다면 새로운 경험을 하는 것을 더욱 어려워하기도 해. 또한 학교 성적이 낮은 분야도 자신감을 떨어뜨리고 자신에 대한 선입견을 심어주기 쉽단다.

하지만 그런 기준들이 자신에 대한 진짜 평가가 되긴 어려워. 오히려 나의 진짜 모습을 찾는데 걸림돌이 되기도 해. 우리는 스스로의 한계를 긋는 것 때문에 나의 진짜 모습을 볼 수 없는지도 몰라. 자신 없는 분야라도 다시 한 번 도전해보고 경험해보면 나의 새로운 모습을 발견할 수도 있을 거야. 새로운 일에 두려움을 갖기 전에 스스로를 믿어보고 일단 부딪쳐보면 어떨까?

늘 똑같은 일만 반복되는 일상이라면, 여행을 떠나봐. 단, 빠듯하게 생활할 수 있는 적은 돈과 가벼운 복장으로 말이야. 그 속에서 세상이 얼마나 넓은지, 내가 할 수 있는 일이 얼마나 다양한지, 세상에는 얼마나 많은 직업이 있는지, 나의 손길이 필요한 곳이 어딘지 느낄 수 있을 거야.

책 속으로 떠나는 여행도 좋아. 책을 통해서도 쉽게 겪지 못하는 다양한 삶의 모습을 만날 수 있거든. 가슴이 두근거리는 책과의 만남을 위해, 그리고 잠시 머리도 식힐 겸 도서관 공기를 마셔보는 건 어때.

애들아, 지금 이 순간도 우리의 소중한 삶이란다.

그 누구도 아닌, 나에게 주어진 시간이야.

꿈이 없어도 괜찮아. 당장 이룰 수 없는 꿈을 가지고 있어도 괜찮아.

하지만 지금 이 순간에는 너희가 있는 바로 여기에 집중하는 것이 결국 행복한 삶을 위한 길이란다. 지금 현재를 충실하게 사는 것이 꿈을 찾는 일보다 더 중요한지도 몰라.

한/ 줄/ 요/ 약/

1. 나의 다양한 모습과 만나다 - 경험

1)평소와 다른 색다른 경험으로 자신의 새로운 모습을 발견할 수 있다.

2)성적이 좋지 않다고 못한다는 생각으로 경험을 차단하지 말자.

3)나를 찾아가는 과정은 경험과 도전에서 시작된다. 무언가를 시도하지 않
  으면 수확은 없다.

2. 나의 내면과 마주하다 - 여행

1)여행이 주는 '낯섦'은 자신의 새로운 모습을 만나게 한다.

2)여행을 통해 현지인들의 생각을 공유하고 문화를 배울 수 있다.

3)넓은 세상의 경험은 생각하는 힘을 기르고 자신에 대한 성찰의 기회가 된다.

3. 시공간을 넘어 넓은 세상을 만나다 - 독서

1)독서는 시공간을 초월하여 다양한 삶을 간접적으로 경험하게 해준다.

2)독서를 통해 꿈을 찾고, 자신을 믿고 일어서는 법을 배우며, 공부하는 이유
  를 발견하고 열정을 찾을 수 있다.

3)책은 지식을 찾기 위해 읽는 것이 아니다. 하지만 책을 읽음으로써 지혜
  를 얻을 수 있다.

4. 우리에게는 여유가 필요하다 - 휴식

1)부모님이나 친구들이 나에 대해 잘 알 것이라고 착각하지 말자.

2)유전적으로 부모님을 닮았을 것이라는 전제는 위험하다.

3)'나'를 발견하기 위해 나의 마음을 들여다보는 진정한 휴식을 취하자.

5. 무엇보다 중요한 '지금, 여기'

1)아직 꿈이 없어도 괜찮다. 하지만, 꿈이 없다는 핑계로 현재를 그냥 흘려
  보내는 것은 괜찮지 않다.

2)지금 현재에 충실하다보면 꿈은 자연스럽게 생긴다.

3)지금 하고 있는 일은 언젠가 이룰 내 꿈에 든든한 밑거름이 된다.

3장

꿈으로 가는 길에
만난 고민들

1
좋아하는 것과 잘하는 것 사이에서

#1

교내 경시대회가 있었다. 우리 반에서 최우수상을 모두 타 와서 내심 기뻤다.

"다희야, 수진아. 축하해. 정말 열심히 노력했구나."

"네, 선생님! 사실 수학 한 문제를 실수한 것 같아서 기대하지 않았는데. 기분 좋네요."

기뻐하는 다희와는 달리 수진이는 시무룩한 표정이었다.

"수진이는 기쁘지 않아?"

"아니요. 그게… 사실 저는 이과로 진학하고 싶어요. 아픈 사람을 치료해주는 의료분야에서 일하고 싶거든요. 그런데 전 영어만 잘해요. 수학은 아무리 해도 안 돼요. 이과에서는 수학이 제일 중요하잖아요. 영어를 아무리 잘해봤자 뭐해요. 이렇게 해서는 제 꿈을 이룰 수 없을 거예요."

수진이는 누가 봐도 공부를 잘했는데 스트레스를 많이 받고 있었다. 영어는 항상 순위권이었고 국어, 사회 과목도 우수했다. 하지만 수학, 과학 성적은 좋지 않았다.

부모님은 의료 분야보다는 수진이가 잘할 수 있는 인문분야로 진학하길 원하셨다. 하지만 수진이는 자신의 꿈을 쉽게 접지 못했다.

대부분은 자신이 좋아하는 일과 잘하는 일이 일치한다. 잘하는 일을 더 좋아하기 때문이다. 하지만 간혹 수진이처럼 좋아하는 것과 잘하는 것이 달라서 고민하는 친구들이 있다. 내가 좋아하는 일과 잘하는 일이 다를 때, 어떤 선택을 하면 좋을까?

나는 수진이에게 이렇게 조언했다.
"네가 하고 싶은 일이 잘하는 일보다 우선이야. 그리고 넌 할 수 있어."

나는 소중한 내 제자들에게 좋아하는 일을 선택하라고 조언한다. 물론, 결정하기 전에 생각해봐야 할 아주 중요한 문제가 있다.

자신이 그 일을 얼마나 좋아하는지 신중하게 생각해보는 것이다. 간혹 공부와 비교해서 예체능 과목을 더 좋아하는 친구들이 있다. 하지만 그것은 단순히 공부하기를 싫어하기 때문인 경우가 많다.

대부분 잘하는 일을 좋아한다고 했다. 그런데 이미 잘하는 것이 있는데도 크게 관심이 없다는 것은 역으로 말하면 그 분야의 일을 정말 좋아하지 않는다는 뜻이기도 하다.

잘하는 일을 쉽게 포기하지 못하는 이유는 그것이 나의 타고난 적성이나 능력이 아닐까 하는 생각 때문이다. 장점을 버리는 일이 될까봐 두려운 것이다. 물론, 많은 경우 타고난 적성이 재능에 약간의 영향을 끼친다. 하지만 그 영향은 미미하다. 어떤 재능이든 타고난 적성보다 더 중요한 것은 노력이다. 음악의 천재라고 이야기하는 모차르트도 태어나자마자 명곡을 작곡하지 않았다. 그는 10년 이상 다른 곡을 분석하고 베끼는 연습을 통해 실력을 길렀다. 성공한 사람들의 보이지 않는 과거 속에는 뼈를 깎는 노력이 있었다.

『재능은 어떻게 단련되는가』에서 제프 콜빈은 한 분야에 탁월한 능력을 발휘하기 위해서 가장 중요한 것으로 신중하게 계획된 연습을 꼽는다. 그는 특출한 재능을 타고날 확률은 백만 분의 일 뿐이라고 한다. 다음으로 10년 이상의 오랜 연습 시간이 필요하고, 고도의 정신력이 요구되는 연습을 버티기 위한 열정도 중요하게 보았다.

내가 지금 '잘하는 일'을 잘하는 이유는 타고난 적성이 아주 약간의 영향을 끼쳤을 수 있다. 하지만 우연히 어릴 때부터 제대로 된 방법으로 교육을 받았거나 연습을 해왔기 때문일 확률이 더 높다. 나도 모르는 나의 성장 환경 속에서 신중하게 계획된 연습을 배워왔던 것이다.

사례의 주인공인 수진이는 영화와 애니메이션을 매우 좋아했다. 어릴 때부터 자연스럽게 외국어에 많이 노출되었고, 자기도 모르는 사이에 외국어 습득에 탁월한 감각이 길러졌던 것이다.

모차르트의 아버지는 작곡가였다. 모차르트가 2살 때부터 아버지는 아들에게 제대로 된 음악교육을 시작했다. 당연히 음악을 잘할 수밖에 없지 않았을까.

나와 남편은 둘 다 물리 전공이다. 우리는 어디서든 물리에 대한 이야기를 한다. 심지어 농담도 물리 용어를 섞어서 한다. 우리 아이가 물리를 잘하게 될지는 모르겠지만 만약 그렇게 된다면 그것은 유전적인 영향이라기보다 환경의 영향일 것이다.

반면 내가 좋아하는 일은 아직 제대로 시도해보지 못했기 때문에 잘하지 못하는 것은 아닐까. 앞으로 신중하게 계획된 방법으로 오랜 시간 연습을 거듭하면 잘할 수 있는 가능성은 훨씬 커질 것이다.

아직 20년도 살지 않았는데, 지금 잘하는 일을 선택한다고 해서 현재 능력만 믿고 손 놓고 놀 수는 없는 일이다. 지금 조금 더 잘하고 못하고의 차이는 크지 않다. 어떤 일을 선택하든 앞으로의 피나는 노력이 훨씬 중요하다. 어떤 연습이든 힘들지 않은 것은 없다. 그 과정을 견디며 오랜 시간 꾸준히 연습을 지속하기 위해서는 열정이 필요하다. 내가 진심으로 좋아하는 일을 할 때 열정이 생기고 뒤따르는 고통도 감수할 수 있다.

김연아도 매일 스케이트를 타는 것을 힘들어 했을 것이고, 박지성도 매일 축구공을 차는 것을 힘들어 했을 것이다. 이런 힘든 시간을 버텨낼 수 있을 만큼 열정을 가지고 끈기 있게 할 수 있는 일을 선택하는 것이 옳다. 그 일은 현재 잘하는 일이 아니라 좋아하는 일이다.

또한 의외의 분야에서 내가 잘하는 일이 좋아하는 일에 시너지 효과를 줄 수도 있다. 당장에 관련이 없어 보이는 일이라도 지금 우리의 안목이 부족할 뿐이지 연결고리를 가지고 있는 경우도 많다.

요즘은 1인 미디어 시대로 개인이 제작한 동영상이 유튜브에서 많은 인기를 끈다. 내가 좋아하는 '1분 물리'라는 채널이 있다. 물리의 어려운 개념을 짧은 시간에 쉽게 설명해주는 동영상인데, 아마 가장 중요한 것은 물리이론 지식일 것이다. 하지만 그 영상이 사람들의 눈길을 끌고 인기를 얻게 된 비결은 간단명료하고 재미있는 그림에 있다. 그는 자신의 물리 지식과 그림 실력, 그리고 IT 기술을 융합하여 1인 프리랜서로 즐겁게 일하고 있다. 그의 흥미로운 동영상을 볼 때마다 '나도 미술을 좀 더 열심히 해둘걸'하는 후회가 든다.

물리를 잘하는 사람은 많다. 하지만 핵심을 뽑아내 그림으로 표현하는 능력도 함께 겸비한 사람은 별로 없다.

지금 잘하는 일을 타고난 재능이라 할 수는 없다. 인생은 이제 막 시작됐다. 어떤 일을 선택하든 앞으로 더 많은 노력이 필요하고, 분명 어려움도 생길 것이다. 자신의 열정을 불태울 수 있는 좋아하는 일을 선택하고, 더 잘할 수 있는 방법을 모색해보자.

수진이는 그 후에 어떻게 됐을까?

재수라는 시련을 겪어야 했다. 하지만 수진이는 결국 해냈다.

2
좋아하는 것을 잘하지 못하는 게 어때서?

#1

"현수 왔구나? 그런데 왜 이렇게 기운이 없어? 무슨 고민 있어?"

"네. 선생님."

"왜? 무슨 일인데?"

현수는 한참동안 뜸을 들이더니 말을 이었다.

"선생님. 저는 수학을 전공하고 싶었어요. 수학을 잘했거든요. 그런데…."

"그런데?"

"저 이번 시험에서… 수학 심화반에 올라가지 못했어요. 수학을 잘한다고 생각했는데 아니었나 봐요. 여기 와서 보니 잘하는 애들이 너무 많아요. 그래서 이제 뭘 해야 할지 모르겠어요."

현수는 과학영재학교 학생이다. 전국에서 수학, 과학 실력이 상위 1%인 학생들만 모인 곳이다. 현수도 여기 오기 전까지는 지역에서 수학을 가장 잘했다. 당연히 자신감도 있었다. 하지만 비슷한 친구들이 모인 이곳에서 성적이 조금만 떨어져도 불안해 했고 자존감도 떨어졌다.

#2

재혁이가 과학실에 찾아왔다.

"선생님, 저처럼 공부를 못하면 물리를 하면 안돼요? 저는 물리가 좋아요."

재혁이를 처음 만난 건 전년도 물리 동아리 활동 때였다. 조용하고 부끄럼이 많은 재혁이는 늘 할 일을 하고 나면 사라졌다. 그때는 재혁이에 대해 잘 알지 못했다.

얼마 뒤 재혁이의 새로운 모습을 보게 되었다. 외부 활동이 있는 날이었다. 내 옆에 딱 붙어서 물리에 대한 이야기를 풀어놓기 시작하는데, 평소답지 않은 모습에 깜짝 놀랐다. 많은 것을 궁금해 했다. 나는 어떻게 물리 공부를 했는지, 왜 물리를 선택했는지, 대학생활은 어땠는지부터 이론적인 질문까지 호기심이 왕성했다.

학년이 바뀌었고 수업시간에 재혁이를 만났다. 이해가 느렸다. 하지만 재혁이는 그런 자신에 대해 잘 알았고, 그만큼 더 노력했다. 항상 물리책을 손에 쥐고 있었다.

　재혁이가 실험실에 찾아온 그 날, 나는 그 아이에게 상처를 주었다.
　"재혁아. 네가 물리를 좋아하는 건 잘 알아. 하지만 선생님도 공부하면서 많이 힘들었어. 물리를 향한 열정을 다른 곳에 쏟는다면, 결과가 훨씬 나을 것 같은데, 어때?"
　나는 재혁이가 좀 더 효율적인 공부를 하길 바랐다.

　가끔 그런 혼란이 온다. A와 B에 각각 50%의 노력을 들였지만, A는 100%의 성과가 나오고 B는 10%의 성과만 나온다면? 우리는 효율을 따라 A를 선택하는 것이 맞는가?
　다른 누군가의 인생이 걸린 문제일 때 더 큰 책임을 느끼게 되고, 내 마음과는 달리 현실적인 조언을 하게 되는지도 모르겠다.
　나는 재혁이에게 A를 권했던 것이다.

　재혁이가 말했다.
　"선생님은 물리 선생님이잖아요. 그런데 왜 그렇게 말씀하세요? 저는 물리가 좋아요. 제가 물리학자가 돼서 돈을 벌고 싶다고 하는 게 아니잖아요."
　재혁이는 나보다 훨씬 어른이었다.
　재혁이의 꿈은 노벨물리학상을 받는 것도 아니었고, 좋은 대학을 가는 것도 아니었다. 하고 싶은 공부를 하면서 행복해 하는 것뿐이었다. 그리고 세상에는 재혁이가 할 수 있는 일이 반드시 있을 것이었다.

재혁이 덕분에 알게 되었다. 인생은 효율을 따라가는 것이 아님을.

좋아하는 것을 잘하지 못한다면

좋아하는 것과 잘하는 것의 실력 차이가 크지 않다면 그나마 우리는 좋아하는 일을 선택할 용기가 생긴다. 하지만 내가 좋아하는 일을 잘하지 못한다면 어떨까?

이에 대한 대답을 세 가지 질문으로 대신해보자.

1)내가 그 일을 잘하지 못한다고 생각하는 기준은 무엇인가?

2)그 일을 잘하지 못하는 이유는 무엇일까?

3)나는 좋아하는 분야의 어떤 속성을 좋아하는 것인가?

첫 번째 문제부터 이야기해보자.

내가 그 일을 잘하지 못한다고 생각하는 기준은 무엇인가?

다른 사람들이 현수의 사례를 보며 어떤 생각을 했을까? 아마 대부분이 "에이, 뭐야. 잘하면서 괜히 그러네"라고 욕하지 않았을까? 하지만 현수는 진지했다. 사람의 욕심은 끝이 없어서 공부를 아무리 잘해도 성적에 관한 고민은 사라지지 않는다.

그렇다면 얼마나 잘해야, 잘한다고 말할 수 있을까?

전교 1등? 전국 1등? 과학고에 들어갈 정도면 잘하는 것일까? 서울대는 갈 실력이 되어야 잘하는 것일까? 옆에 있는 친구보다 잘하면 되는 걸까?

사실 현수와 같은 고민으로 찾아오는 친구들은 아주 많다.

현수에게 되물었다.

"현수야, 넌 왜 수학을 전공하고 싶은데?"

"수학이 재미있어서요."

"그럼, 1등이 아니면 수학이 재미없니?"

"……."

말을 잇지 못하는 현수에게 다음 이야기를 들려주었다.

처음으로 동력 비행기를 만들었던 라이트 형제를 모르는 사람은 없다. 하지만 사무엘 피어몬트 랭리라는 사람을 아는 사람은 몇이나 될까?

사무엘도 라이트 형제처럼 처음으로 비행기를 만들고자 했다. 그는 미국의 유명한 물리학 교수였고, 당시 영향력 있는 협회 회장이었다. 주변 친구들도 교수이거나 엄청난 부자, 또는 권력을 가진 사람들이었기 때문에 사무엘은 비행기를 만드는데 어마어마한 돈을 지원 받고 정부로부터도 지지를 받았다.

　변두리 시골에 살고 있었던 라이트 형제는 아무런 지원도, 누구의 지지도 없었다. 심지어 사무엘은 물리학 교수인데 반해 라이트 형제는 고등학교 졸업장도 없었다. 하지만 라이트 형제의 비행기에 대한 관심은 남달랐으며, 그들에게는 비행기를 꼭 띄우고 말겠다는 굳은 의지와 꿈이 있었다.

　누가 비행기를 만드는데 성공했을까?

　모든 사람이 사무엘이 비행기를 만드는 것에 성공할 것이라 확신했다. 그런데 어느 날, 라이트 형제가 비행기를 만들고 있다는 소식을 듣고 그는 포기해 버렸다. 결국은 고등학교도 졸업하지 못하고 수리공으로 일하던 라이트 형제가 세계 최초의 동력 비행기를 만들게 되었다.

사무엘은 1등이 되고 싶었고, 세계 최초로 비행기를 만들고 싶어 했다. 1등으로 달리고 있었고, 모두들 그가 성공할 것이라고 생각했다. 그런데 1등을 할 수 없을 것 같자 그만 포기해버렸다. 만약 포기하지 않았더라면, 사무엘이 더 좋은 비행기를 만들 수 있지 않았을까?

- 『Start with why』 참고

빌 게이츠의 작은 소프트웨어 회사, 마이크로소프트사에서 MS-DOS를 만들었을 때 전 세계의 모든 컴퓨터 회사가 MS-DOS를 구입하려고 발버둥 쳤다. 하지만 관심 없는 단 한사람이 있었다. 바로 스티브 잡스였다. 그는 일반인이 사용하기에 MS-DOS는 너무 복잡하고 불편하다고 생각했다. 그리고 스티브 잡스는 어려운 컴퓨터 언어 대신 그림만으로 컴퓨터를 사용할 수 있는 운영체제를 개발해 마이크로소프트사에 도전장을 내밀었다.

결과는 어떻게 되었을까?

빌 게이츠의 승리로 돌아갔다.

사람들은 편리한 운영체제를 사용하기 위해 비싼 돈을 지불하지 않았다. 아직 컴퓨터에 대한 인식이 크지 않았기 때문이다. 이 일로 스티브 잡스는 자신이 설립한 회사에서 쫓겨나게 되었다.

결과적으로 잡스는 빌 게이츠에게 졌다.

하지만, 그래서?

스티브 잡스는 1등을 빼앗겼다고 포기하지 않았다. 그는 누구나 쉽고 편리하게 사용할 수 있는 컴퓨터를 만들겠다는 꿈을 꺾지 않았고, 몇 십 년이 지나 스마트폰의 시초라고 할 수 있는 아이폰이라는 획기적인 제품으로 다시 세상에 변혁을 일으켰다.

－『미래를 지배한 빌게이츠』 참고

스스로에게 물어보자. 1등을 하기 위해 그 일을 하는 것인지, 그 일 자체가 좋아서 하는 것인지.

나는 고등학교 때 내가 물리를 못한다고 생각하지 않았다. 변두리에 있는 여학교라서 물리를 선택하는 학생이 적었기 때문에 전교 1등이 어렵지 않았다. 하지만 물리를 전공하겠다는 나를 특히 과학 선생님들이 말리셨다. 그때 가장 많이 들었던 말은 "세상은 넓다. 네가 여기서는 잘하지만, 다른 학교 아이들과 경합하면 힘들 것이다."였다. 하지만 나는 내 뜻을 굽히지 않았고, 물리를 선택했다.

대학과 대학원을 거치면서 비로소 나는 물리에 탁월한 재능이 있지 않다는 것을 알게 되었다.

하지만, 그래서?

세상에는 내가 할 수 있는 분야가 있다. 나도 오개념을 가지고 전

전긍긍해보았기 때문에 아이들의 오개념을 더 잘 이해할 수 있었고, 그들이 어디에서 실수하는지를 더 잘 찾을 수 있었다. 이것은 많은 것을 아는 사람이나 어려운 개념도 쉽게 이해하는 사람보다 더 좋은 교사가 될 수 있다는 의미였다.

그렇다면 학자가 되긴 힘들까? 서울대 물리학과 김대식 교수는 『공부논쟁』에서 이공계 위기론에 대해 이렇게 이야기한다.

"공부만 잘하는 학생들이 의대로 빠지고, 정말 연구를 좋아하는 학생들이 이공계로 와서 더 다행이야. 전국 수석하고 전교 1등 한 애들이 진짜 좋은 과학자나 공학자가 될까? 누구나 당연하게 받아들이지만 실상 한 번도 증명된 적이 없는 명제지."

그래도 겨우 숫자 쪼가리에 불과한 성적 때문에 인생을 망설이는가?

지금 내 옆의 친구가 나보다 성적이 좋다고 해서, 내 꿈을 포기하고 있지는 않은가?

애들아, 너희는 그 일에서 1등을 하고 싶어서 하는 거니, 아니면 그 일을 좋아해서 하는 거니?

이제 두 번째 질문에 대해 생각해보자.

내가 그 일을 잘하지 못하는 이유는 무엇인가?

물론, 많은 친구들이 이렇게 말한다.

"저는 이 일을 잘하기 위해 매일 노력하고 있어요. 하지만 여전히 나아지지 않고 있어요."

여태까지 어떤 노력을 기울였으며, 얼마만큼의 시간을 투자해 왔는지에 대해 이야기한다. 하지만 그래도 안 된다고 말하며 포기한다.

이런 친구들에게 되묻는다.

"네가 여태까지 매일 5시간씩 그 일에 매달렸는데, 만약에 그 방법이 잘못된 것이었다면?"

방법이 잘못 되었다면?

매일 힘들게 땅을 팠는데, 삽을 사용하지 않고 맨손으로 땅을 파고 있었다면?

내겐 땅 파는 능력이 없는 것일까, 아니면 제대로 된 방법을 몰랐던 것일까.

그렇다. 적성이 없어서가 아니라 노력했던 방법이 잘못되었을 가능성도 있는 것이다. 의외로 제대로 된 방법을 모르고 있는 경우가 아주 많다.

오랜 연습시간은 분명 중요한 것이다. 하지만 그보다 더 중요한 것은 제대로 된 방법이다. 제프 콜빈이 말하는 신중하게 계획된 연습이 바로 이것이다.

'아무리 열심히 공부해도 저는 안 돼요'라고 말하는 대부분의 경우, 공부방법이 잘못되었을 것이다. 매일 죽어라 맨손으로 땅을 파고 있었던 것이다. 잘못된 방법으로는 하루에 5시간, 10시간씩 투자해도 성과가 드러나지 않는다.

따라서 포기하기 보다는 다른 방법으로 시도해보는 것이 좋다. 공부할 때는 '공부법'이 있고, 일을 할 때는 그 일에 맞는 방법이 있다. 이것을 관리하는 능력을 메타인지라고 한다. 공부를 잘하는 지능이 아니라 그 일을 어떻게 해나갈지 관리하는 지능이다. '방법'은 아주 중요한 문제인데, 많은 학생들이 놓치고 있다. 아직도 엉덩이가 무거운 사람이 이긴다는 옛말처럼 그저 열심히만 하면 된다고 생각하는가? 열심히만 하는 바보가 되지 않기 위해서는 자신에게 맞는 효율적이고 효과적인 방법을 스스로 다양하게 시도해보며 찾아야 한다.

많은 사람들이 수학이나 과학은 타고난 지능이 필요하다고 생각한다. 나 역시 어느 정도 이상의 수준에서는 그렇다고 생각해왔다. 하지만 최근 아이들의 사고과정을 들여다보면서 이것 또한 선입견이었다는 확신이 들었다. 잘하는 친구와 못하는 친구의 문제해결 과정을 살펴보면 타고난 재능 때문이 아니었다. 그들은 '공부하는 방법'에 있어서 분명한 차이가 있었다. 제대로 된 방법과 이를 관리하는 능력을 익히면 누구든지 잘 할 수 있다.

모차르트의 아버지는 작곡가이자 연주가였고, 음악 교수법에도 탁월했다. 자연스럽게 모차르트는 아버지로부터 제대로 된 방법으로 음악을 배웠다.

타이거 우즈의 아버지는 아들을 위해 골프를 가르치는 교습법을 개발했다. 타이거 우즈 역시 어릴 때부터 신중하게 계획된 연습으로 골프를 배울 수 있었다.

그들은 부모의 영향으로 아주 어릴 때부터 운이 좋게도 제대로 된 방법으로 배웠던 것이다.

제대로 된 방법을 찾기 위해서는 시행착오가 필요하다. 물론, 책이나 인터넷을 통한 다른 사람들의 경험담도 도움이 된다. 하지만 그것이 정답은 아니다. 다른 사람의 경험을 분석하고 나에게 적용하여 다듬어 나가야 한다. 이 과정에서 좌절을 겪을 수도 있다. 하지만 그런 실패를 통해 '이건 아니구나'라는 깨달음을 얻을 수 있다.

이러한 피드백 과정은 매우 중요하다.

바둑 기사들은 경기가 끝난 후 몇 시간에 걸쳐 '복기'라는 것을 한다. 시합을 처음부터 다시 되새기며, 왜 졌는지 분석하는 것이다. 패자에게 그 시간은 자신의 잘못을 들여다보고 평가해야 하는 매우 힘든 시간이라고 한다. 하지만 그들은 반드시 복기를 한다. 자신의 실패를 직시하고 더 큰 성장을 할 수 있는 기회이기 때문이다.

나는 내가 좋아하는 일을 잘하기 위해서 얼마만큼의 좌절을 제대로 극복해보았는지, 좌절을 좌절로 남기지 않고 나의 성장으로 변화시켰는지를 생각해보자.

세 번째 질문으로 넘어가자.

나는 내가 좋아하는 분야의 어떤 속성을 좋아하는 것인가?

이 문제는 자신의 적성을 찾을 때 반드시 면밀히 검토해야 한다.

학창 시절에는 대부분의 재능을 '교과 과목'으로 나눈다. 국어, 영어, 수학, 과학, 사회, 가정, 음악, 미술, 체육 등이다. 하지만 사람의 재능은 굉장히 미묘하게 세분화되어 있다. 몇 가지 과목으로 판단할 수 있는 문제가 아닌데, 우리는 획일화된 교과 과목에 나를 맞추려 든다. 마치 나에게 맞는 옷을 찾으려 하는 것이 아니라 옷에 나를 맞추려는 것과 같다.

중학생인 승우는 성적이 별로 좋지 않았다. 한 번은 조별 주제 발표수업이 있었다. 각 조에서 한 가지 주제를 정하고 참고할 수 있는 실험을 준비해서 발표하는 수업이었다. 승우 조의 주제는 '전자기력'이었는데, 승우는 몇 번의 시행착오를 거쳐 스피커를 만들어 왔다. 그리고 맡은 주제를 완벽하게 소화해냈으며, 재미있는 발표로 친구들의 시선을 끌었다.

다시 이야기하지만 승우의 성적은 평균 이하였다. 그렇다고 승우에게 과학 능력이 없는 것일까?

승우는 성적이 좋은 것보다 훨씬 중요한 능력을 가지고 있었다.

1.과학 실험 능력이다. 승우는 문제풀이에는 약할지 모른다. 하지만 과학에서 문제 푸는 능력은 전혀 중요하지 않다. 승우는 스스로 이론을 이해하고, 그에 맞는 실험을 찾고 설계하는 능력이 아주 우수했다.

2.끈기와 인내력이다. 사람마다 끈기를 발휘할 수 있는 분야가 다 다르다. 승우는 과학에서 그 힘을 발휘했다. 승우는 발표에서 자신이 실패했던 실험과정도 소개했으며, 그 이유도 스스로 분석했다. 그리고 일주일 내내 실험에 매달려 도전했고, 결국 성공했다.

3.이해력이다. 나는 학생들에게 모든 것을 맡겼고, 해당 주제에 대해 수업을 하지 않았다. 하지만 승우는 스스로 자료를 찾아 원리를 깊이 있게 이해하고 있었다. 성적만 보고서는 평가할 수 없는 부분이다.

4.전달력이다. 평소에 헤드폰을 끼고 다니는 승우는 앞에 나서는 성격은 아니었다. 하지만 발표시간에는 혼자서 모든 아이들의 집중을 이끌어냈다.

그 후 승우는 과학중점학교에 진학했다.

우리는 단편적인 사건들로 자신을 평가한다. 성적이 높아야 이해력이 좋다고 생각하며, 발표를 잘해야 전달력, 발표력, 리더십이 좋다고 생각한다. 하지만 개개인의 적성은 천편일률적인 평가로부터 판단될 수 없다.

국어를 아주 좋아하는 학생이 있다. 그는 언어 자체를 좋아하는 것일까, 상상력이 풍부해 스토리에 빠져드는 것일까, 과거의 흔적을 따라 고전문학에 매력을 느낄까, 그것도 아니면 논리적인 글, 설득하는 글을 좋아할까. 이처럼 '국어를 좋아해'라는 결론은 나를 알기에 부적절하다.

많은 아이들이 게임을 좋아한다. 하지만 '나는 게임을 좋아해'에서 그친다면, 더 이상 자신에 대해 알 수 없다.

나는 타이쿤 게임을 주로 즐긴다. 내가 어렸을 때부터 빠졌던 게임을 살펴보면, 나는 어떤 일을 계획적으로 해나가는 것을 즐겼고 그 사이에 생각지도 못한 이벤트가 있는 게임을 좋아했다. 이러한 면은 일상생활에서도 그대로 드러난다. 나는 차근차근 계획하여 사소한 목표를 달성하는 것을 좋아하며, 멀티태스킹을 선호한다.

나는 스타크래프트나 삼국지를 할 때 게임 스토리는 모두 건너뛴다. 하지만 그 스토리에 빠지는 친구들도 있다. 그 친구들은 상상력이 풍부하고, '이야기'를 좋아하는 편이다.

이렇게 한 가지 활동 속에서도 더 세분화 된 나의 모습을 발견할 수 있다.

3
좋아하는 것만 하며 살 수는 없나

#1

중간고사 성적표가 나왔다.

"너 또 물리 1등이지? 하여간 대단해."

"그럼 뭐해. 음악은 꼴찌야. 어쩌면 이럴 수 있지? 꼴찌가 뭐야."

"뭐, 잘하는 거 하나만 있으면 됐지. 나처럼 모든 과목이 그저 그
런 사람이 문제야."

물리 1등, 음악 꼴찌, 체육 뒤에서 2등.

후회는 없다. 결과에도 승복한다.

나는 딱 내가 하고 싶은 것만 공부했으니깐.

'대학에 가면 지긋지긋한 과목들을 배우지 않아도 되겠지?'

#2

'다음은 2반 수업이네.'

2반 수업은 언제나 즐겁다. 초롱초롱한 눈으로 수업에 집중하는 아이들이 많기 때문이다.

오늘도 여전히 세호가 눈에 들어왔다.

세호는 성적이 별로 좋지 않다. 하지만 학기가 시작한 이후 단 한 번도 흐트러진 모습을 보인 적이 없다. 언제나 최선을 다하는 모습이 기특하기도 했고, 때로는 안쓰럽기도 했다.

얼마 전, 세호가 질문을 하기 위해 교무실에 왔을 때가 생각났다.

"세호야, 물리를 참 열심히 하네. 자연계로 진학할 거야?"

"아뇨. 전 모델이 될 거예요. 예체능이니깐 내년엔 문과로 가려고요."

"그럼 더 이상 수업시간에 볼 수 없겠네. 수능도 안 보는 과목인데 열심이구나"

"좀 어렵긴 하지만 그래도 재밌어요."

세호는 잠시 쉬더니 말을 이었다.

"지금 아니면 평생 물리를 배울 기회가 없을지도 모르잖아요."

이 얼마나 대단한 내공인가. 고등학생이 이런 말을 할 수 있다니. 꿈의 Why가 뚜렷한 친구라는 확신이 들었다.

세호는 물리를 잘하지 못했다. 이해도 느렸다. 하지만 단 한 번도 수업시간에 졸거나 딴 생각을 하지 않았다. 이해가 느리다는 걸 스스로도 잘 알았기에, 그리고 따로 공부할 시간을 만들기 어려웠기에, 수업시간에 내가 하는 모든 말을 받아 적었다.

세호의 물리 성적은 중요하지 않다. 그때 배운 것을 평생 쓸 일이 없을지도 모른다. 하지만 세호는 자신의 시간에 최선을 다했다. 그 시간은 사라지지 않는 세호의 것이다.

졸업 후 세호는 당당하게 자신의 꿈을 향해 나아가고 있다. 나는 언제 어디서든 성실함을 보여주었던 세호의 성공을 확신한다.

첫 번째 사례는 부끄럽지만 내 이야기이다.

나는 철저하게 하고 싶은 것만 하는 주의였다.

교육에도 트렌드(trend)라는 것이 있다. 한 때 '한 가지만 특출나게 잘하면 된다'는 인재상이 떠올랐었다. 그 후에는 융합인재상이 떠올랐다.

아이들에게 좀 더 열린 마음을 가지라고 조언하는 것은 학창시절의 나를 후회하기 때문이다.

많은 사례를 접할수록 '무엇이 옳다'라고 말하기 모호해진다. 한 분야에 특출난 재능을 보여 성공하는 사람도 있고, 모든 분야를 아우르는 융합적 인재로 성공하는 사람도 있다. 하지만 분명한 건 장기적으로 보았을 때 후자가 더 행복하다는 사실이다. 한 분야에 특출났던 사람들도 어느 정도의 전문성을 가진 후에는 다양한 영역을 넘나든다.

칼비테는 독일의 유명한 천재였던 주니어 칼비테의 아버지이자

목사였다. 그의 자녀 교육법은 교육의 바이블이라고 불린다. 주니어 칼비테가 아주 행복한 영재였기 때문이다. 그의 교육이 주목받는 것은 똑똑한 자녀를 길렀기 때문이 아니다. 주니어 칼비테가 건강한 인격을 완성했으며, 행복한 삶을 살았기 때문이다.

주니어 칼비테는 15살에 박사학위를 받았다. 그때 아버지인 칼비테는 이렇게 말했다.

"칼이 가장 빠르게 출세하는 길은 기존에 공부했던 학문을 계속 연구하는 것입니다. 하지만 이렇게 하면 한 분야에만 정통한 학자가 됩니다. 전 칼이 더 풍부한 지식을 배우고 즐겁고 행복한 인생을 살기 바랍니다. 열아홉 살 전에 되도록 많은 지식을 공부해야 그 이후에 자신이 가고 싶은 길을 갈 수 있어요. 칼이 열아홉 이후에도 수학을 좋아한다면 그땐 수학을 연구하겠죠. 그래야 인격적으로 아름다운 학자가 될 수 있습니다."

칼비테는 진리를 맛보는 것보다 더 행복한 것은 없다고 말했다.

갈수록 수능 과목의 수가 줄어들고 난이도가 낮아지고 있다. 공부에 허덕이는 청소년들의 부담을 줄이고자 하는 취지이다. 하지만 이 방법으로 근본적인 문제를 해결할 수 있을까? 이런 뉴스를 접할 때마다 안타깝다. 이 문제는 '공부를 왜 해야 하는가?'와 직결되는 물음이 아닌가 싶다.

왜 공부해야 할까? 왜, 중등교육은 의무교육일까?

학창 시절에 많은 것을 경험해보아야, 앞으로의 인생에 대해 설계할 수 있다. 칼비테의 말처럼, 20살 이전은 자신과 세상에 대해 탐험하는 시간이다. 하지만 빨리 성공가도를 달려야 한다는 압박감 때문에 청소년기에 주어진 자유의 시간을 제대로 활용하지 못하고 있다.

간혹 어린 나이에 과학고를 졸업하고 대학에 입학한 신동들의 기사가 뉴스에 나온다. 한 때 세상을 놀라게 했던 그 천재들은 지금 다 어디로 사라졌을까? 과연 그들은 행복한 성인으로 성장했을까?

또 다른 질문을 던져보자.

과학자에게 인문학은 필요 없을까?

인문학자에게 과학은 필요 없을까?

스티브 잡스는 리드 칼리지에 입학한지 6개월만에 자퇴했다. 그 후 필수과목이 아닌 진짜 듣고 싶은 수업을 몰래 수강하는데, 바로 서체수업이다. 그는 학교 곳곳에 붙어있는 포스터 서체의 아름다움에 푹 빠졌다. 스탠포드 대학 졸업 연설에서 그는 이렇게 말했다.

"저는 서체 수업에서 세리프와 산세리프체의 매력에 빠졌으며, 글자 사이 여백의 다양함을, 그리고 위대한 글자체의 요소가 무엇인지를 배웠습니다. 그것은 과학으로는 도저히 설명할 수 없는 아름다움이었습니다. 그 당시에는 이 수업 중 어느 하나도 제 인생에 도움이 될 것 같지 않았습니다. 하지만 10년 후 첫 번째 매킨토시를 구상할 때 그것들은 고스란히 빛을 발했습니다. 우리는 매킨토시에 그 기능을 모두 집어넣었으니까요. 매킨토시는 아름다운 서체를 가진 최초의 컴퓨터였습니다.

제가 그때 서체수업을 듣지 않았다면, 지금 우리는 다양한 서체를 가진 컴퓨터를 사용할 수 없었을 것입니다. 저도 제가 10년 후에 서체를 활용하게 될 거라고는 상상도 하지 못했습니다.

미래는 정말 알 수 없는 것입니다. 우리가 아는 건, 어쨌든 현재와 미래는 연결된다는 사실입니다."

스티브 잡스가 그에게 필요한 공부만 했다면, 지금 우리가 사용하는 컴퓨터는 바탕체만 가진 고리타분한 기계일지도 모른다.

조선시대에는 유교사상이 지배이념이었다. 양반들은 인문학을 기반으로 한 정치만 공부했으며, 무시당했던 실용적인 학문은 중인들의 영역이었다. 실생활에 필요한 농업 기술에서부터 천문학이나 강우량, 강수량 측정, 의술과 수학 모두 중인들의 몫이었다.

하지만 조선왕조를 통틀어 딱 한 사람, 수학과 과학을 공부한 왕이 있었다. 바로 세종대왕이다.

> 산수를 배우는 것이 임금에게는 필요가 없을 듯하나, 이것도 성인이 제정한 것이므로 나는 이것을 알고자 한다.
>
> - 『세종의 공부』 중에서

세종대왕은 나라를 다스리는 제왕학 뿐만 아니라 수학과 과학을 비롯한 실용학 공부도 게을리 하지 않았다. 예술에 관심이 많았던 세종은 악기도감을 설치하여 중국의 음악이 아닌 우리 음악을 발달시켰다. 중국과 우리의 하늘은 다르다는 것을 인식하고 우리나라 고유의 천문학 연구를 지원한 결과 물시계, 해시계 등이 나오게 되었다. 그 시대에 측우기가 개발된 것 또한 과학 공부를 했던 세종의 영향이었다. 구하기 어려운 약재를 중국에서 들여와야 하는 실정을 해결하기 위해 우리만의 의술을 발전시켰다.

이렇게 다방면으로 업적을 남길 수 있었던 것은 세종대왕이 폭넓은 분야를 두루 공부한 덕분이었다. 세종의 가장 큰 업적인 한글 창제 또한 수학적 분석을 바탕으로 했다. 세종은 당시 중인들이 담당하던 수학과 과학을 왕자들과 사대부 유학생에게 공부하도록 했다. 세종의 위대한 업적은 여러 분야에 대한 통찰과 통합에서 나왔다.

세종이 다른 왕들과 마찬가지로 인문학과 제왕학만 공부했다면, 우리는 우리말을 가지지 못했을지도 모른다.

발레리나 강수진은 더 완벽한 연기를 하기 위해, 공연하는 나라의 언어를 직접 배웠다. 박지성 또한 맨체스터 유나이티드에 입단하게 되었을 때 통역을 쓰지 않겠다고 했다. 스스로 부딪히고 언어를 익혀야 오해 없는 의사소통을 할 수 있고, 자신의 분야에서 더 기량을 발휘할 수 있다고 보았기 때문이다.

세호처럼 모델 지망생이면서도 모든 수업에 최선을 다하는 친구가 있는 반면, "전 미술을 할 거예요"라며 모든 수업을 허투루 듣는 친구도 있다.

후자는 진짜 꿈이 있는 사람이라고는 생각되지 않는다.

강수진은 발레를 전공하면서 학과 수업을 따라가기 위해 새벽 5시에 도서관에 들렀다가 등교했으며 밤 11시가 되어서야 하교했다.

진짜 꿈이 있는 사람은 자신의 시간을 소중히 여길 줄 안다.
진짜 꿈이 있는 사람은 자신이 맡은 모든 것에 최선을 다한다.

물론, 학창시절의 공부는 힘들다. 내가 좋아하는 일과 해야 하는 일 사이의 갈등을 해소하기란 쉽지 않다. 하지만 한 가지만 명심하자. 세상의 모든 일에서 처음은 힘들고 재미없다. 수학문제를 푸는 것보다 개념이해가 힘들고, 영어로 대화를 하는 것보다 영단어를 외우는 것이 재미없다. 운동을 처음 배울 때 기본자세는 늘 지겹고, 악기를 다룰 때도 기본을 익히는 것은 힘들다. 하지만 그 과정을 거쳐야 비로소 흥미를 느낄 수 있다. 개념을 이해해야 수학문제를 더 재밌게 풀 수 있고, 영단어를 외워야 영어로 대화가 가능해진다. 기본자세를 제대로 배워야 연습 게임을 할 수 있고, '도레미'부터 시작해야 아름다운 연주가 가능해지는 것이다.

지금 맡은 일에 최선을 다해보자.
자신이 몰랐던 흥미를 발견할 수도 있고, 미래에는 뜻밖의 자산이 될 수도 있다.

4
어디로 가야 취업이 잘 될까?

#1

"지원아, 같이 가자. 넌 어디로 진학할지 정했어? 난 부모님이
랑 얘기해봤는데 아무래도 공무원이 좋을 것 같아. 안정적이잖아."

"응. 나도 고민해봤는데 약사가 어떨까 싶어. 안정적이기도 하고,
수입도 괜찮고."

"너 지난번엔 교사가 되고 싶다고 하지 않았어?"

"응, 근데 교사는 임용고시를 쳐야하는데, 합격률이 그렇게 낮
대."

"그렇구나. 약사도 되려면 시험쳐야할 걸?"

"맞아. 약사국시가 있어. 그래도 합격률이 90% 가까이 되나봐."

#2

"선생님, ○○대학 어때요? 거기에 건강관리과가 있는데 취업률이 높대요."

"○○대학? 글쎄. 시골에 위치해서 예전에는 이름도 잘 알지 못하는 곳이었는데, 지금은 점수가 많이 높아졌지?"

"네. 사실 △△대학에 가고 싶긴 한데, 취업을 생각하면 ○○대학이 좋을 것 같아요."

"대학보다 네가 가고 싶은 과를 선택하는 건 어때?"

"과요? 사실 전 게임관련 학과에 가고 싶어요. 하지만 그건 취미로 하는 거죠. 좋은 대학이 아니면 취업하기도 힘들고요."

요즘 진로를 정할 때 가장 먼저 고려하는 것은 취업률이다. 청년 실업률이 계속해서 높아지고 있는 사회 실태의 반영인 것 같아 안타깝다. 하지만 어쩔 수 없는 현실이라는 핑계로 더 중요한 것을 잊어버리지는 않았는지 생각해볼 필요가 있다. 자신의 적성과 행복에 대해서 말이다.

여러분은 아직 20살도 되지 않았고, 앞으로 살아갈 날이 80년도 더 남았다. 좋은 직장에 취직하면 과연 행복할까? 한국인의 직장만족도는 10%라고 한다. 지금도 공부가 하기 싫어 몇 년을 겨우 버텨내는데, 하기 싫은 일을 80년 동안 한다고 생각해보자. 과연 행복할까?

사람들은 미래를 위해 현재를 희생하는 것을 미덕이라 여긴다. 좋은 대학에 가기 위해 학창 시절에 많은 것을 포기한다. 대학에 들어간 이후에도 좋은 직장에 취직하기 위해 또 다시 인생을 저당 잡힌다. 취직을 한 후에는 자유로울까? 부지런히 돈을 모아 차를 사야하고, 결혼 자금을 마련해야 하며, 집을 사야한다. 또 다시 더 좋은 집을 위해 악착같이 일해야 하고 자녀를 키우고 나면 은퇴할 나이다. 이렇게 미래의 삶만을 위해 살아간다.

무턱대고 미래만 중요하다는 것이 아니다. 하지만 꿈과 진로를 택할 때 무엇보다 자신이 좋아하는 일이 우선시 되어야 한다는 것이다.

물론, 부모님이 살던 시대라면 현실적인 문제를 먼저 생각하는 것도 나쁘지 않았다. 그때는 대학을 나오면 중상층으로 살 수 있었고, 좋은 직업이 뚜렷이 드러나던 때였다. 시대의 변화도 느렸다.

하지만 지금은 하루가 다르게 변화하는 시대가 되었다. 내일 당장 사회가 어떻게 변할지 예측하기 어려워졌다.

전국에서 '물리학과'가 가장 인기였던 시절이 있었다. 그 당시 전국 1등은 물리학과에 진학했다. 하지만 지금은 어떨까? 낮은 취직률로 비선호 학과 중 하나가 되었다. 오히려 학과 통폐합으로 사라지고 있는 상황이다.

내가 대학에 들어갈 때만 해도 '한의대'는 전국 최고점이었지만, 몇 년 사이에 점수가 점점 떨어졌다. 한의사가 예전처럼 돈을 잘 벌지 못한다는 이유에서이다. 한의대를 나와서 가장 혜택을 많이 본 사람들은 한의대가 최고점일 때 입학한 사람들이 아니다. 오히려 아주 오래전 한의대 점수가 낮았을 때 입학한 사람들이다.

임용 합격률이 사범대보다 높았던 교대는 서울대 입학만큼 어려운 곳이었다. 하지만 그때 최고 점수로 입학한 학생들이 졸업하기도 전에 임용 합격률이 뚝 떨어져 교대생들이 대대적으로 데모를 하기도 했다.

예전에는 이름도 들어보지 못했던 전문대학이 지금은 지방 국립대보다 들어가기 힘들다.

이렇듯 오늘날은 직업 세계가 어떻게 변할지 한치 앞도 예측할 수 없는 시대가 되었다. 입학할 때는 정말 힘들게 들어갔어도 졸업할 때는 상황이 역전될 가능성도 있다. 그리고 이 변화의 속도는 점점 더 빨라지고 있다. 대학 생활은 4년이다. 그러나 시대가 변화는 속도는 이보다 빠르다. 그런데 우리는 아직도 과거의 자료를 바탕으로 내 미래를 결정하고 귀중한 인생을 배팅하고 있다.

과연 앞으로 취업률이 좋은 과를 예측할 수 있을까. 이미 의사나 변호사도 돈을 제대로 못 버는 사람들이 속출하고 있다. 대기업에 들어가면 일찍 은퇴를 맞이해야 하는 불안감에 휩싸인다. 공무원 시험 경쟁률은 해마다 말도 안 되게 치솟고 있다. 이런 시대에 여전히 현재 통계만 바라보며 인생을 결정해야 할까.

취업이 잘 되지 않는 학과를 없애는 대학에 혜택을 준다는 뉴스가 나왔다. 정말 어이가 없는 정책이었다. 정말 그대로 시행되어 이 땅에서 인문학과 철학, 그리고 기초과학이 사라진다면, 어떤 세상이 도래할까.

지금도 입학부터 학점을 관리해주고, 고시나 공무원 시험을 대비해주는 대학이 좋은 평가를 받는다. 어쩌다 대학이 취직을 준비시켜주는 학원으로 변해버렸을까.

조금 고리타분하게 들릴지도 모르겠다. 하지만 반드시 짚고 넘어가야 하는 것이 있다. 대학은 취업 학원이 아니다. 하지만 대부분 학창시절부터 빨리 높은 곳으로 올라가라고 쫓기듯 살아왔다. 그리고 대학에 들어가서도 여전히 그렇게 쫓긴다. 취업을 위해 스펙에 집중할수록 취직은 더 어려워진다. 숫자로 점수 매겨지는 스펙은 나의 진짜 실력을 대변하지 않기 때문이다.

조선시대에는 인문학에 너무 치중하여 실용학문과의 균형이 유지되지 못했다. 하지만 지금은 너무 실용학문에만 치우쳐 균형을 잃었다. 세종대왕이 백성을 위해 한글을 창제했을 때 양반세력들은 모두 반대하고 나섰다. 백성들이 글을 깨우치게 되면 지배계급이 흔들린다는 것을 알고 있었기 때문이다.

어느 시대든 지식은 지배층과 피지배층을 나누는 기준이었다. 조선시대에는 백성들에게 글을 가르치지 않아 노동자 계급을 양산했다. 물론, 지금 글을 모르는 사람은 없다. 하지만 오늘날에는 생각하는 공부를 하지 않도록 유도함으로써 여전히 노동자 계급을 양산하고 있다. 조선 시대의 계급 사회와 딱히 다르지 않다.

정해진 시간에 정해진 과목을 배우는 중등교육에서 벗어나, 비로소 자유롭게 자기가 하고 싶은 공부를 마음껏 할 수 있는 곳이 대학이다. 굳이 공부가 아니어도 괜찮다. 처음으로 세상을 만끽하고 내면을 쌓아가며 자신을 발견할 수 있는 시간을 가지고 자신의 역량을 마음껏 펼치는 곳이다. 하지만 현실에서는 여전히 빨리 스펙 쌓기에 떠밀리고 있다. 좀 더 빨리, 좀 더 높은 노동자 계급으로 가기 위해 발버둥치고 있는 꼴이다.

지금 청소년기에 하는 고민들이 대학에 입학한다고 해서 뚝딱 해결되는 것이 아니다. 여전히 계속해서 나를 찾아야 하며, '왜 대학에 가는가?'에 대해서도 반드시 고민해봐야 한다. 대학은 취업을 시켜주는 곳이 아니며, 내 인생의 좌표를 알려주는 곳도 아니고, 행복한 인생의 방향을 가르쳐주는 곳도 아니다.

대학에 들어가자마자 시작되는 스펙 싸움. 1학년 때부터 공무원 시험을 준비하고, 해외 연수를 다녀오고, 영어 시험 성적에 제 2외국어까지 배워야하며, 학점도 꼼꼼히 관리한다. 그렇게 앞만 보고 달려 나갔을 때, 스스로에게 남는 것은 무엇일까.

진짜 내면을 성장시키고 나의 역량을 키우는 공부가 아닌, 남에게 보여주기 위한 스펙 쌓기에 급급한 공부로 4년을 채우는 것이 진정한 대학의 의미일까.

앞으로의 취업 시장에서 살아남는 사람은 스펙이 높은 사람이 아니라 자신만의 내공을 갖춘 사람이 될 것이다.

우리나라 경제 성장률이 아주 높았던 시절, 월급이 적은 공무원은 거들떠보지도 않는 직업이었다. 그런데 오늘날 공무원 시험 경쟁률은 매년 치솟고 있다.

고등학교 때부터 9급 공무원 시험을 준비하는 친구들이 있을 정도다. 그들은 높은 경쟁률 때문에 좌절한다. 하지만 경쟁률이 얼마나 중요한지는 좀 더 생각해봐야 할 문제다. 2:1의 경쟁률에도 떨어지는 사람이 있고 1,000:1의 경쟁률에도 붙는 사람이 있다. 조금 더 똑똑하다든가 운이 좋다든가 하는 것으로 합격의 이유를 설명하기엔 어딘가 부족해 보인다.

공부방법이나 시간관리 등이 합격을 좌우한다. 그렇다면 이렇게 자기관리를 철저히 하는 사람은 어떤 사람일까. 바로, 죽기 살기로 덤비는 사람이다. 정말 꼭 그 일을 해야 한다고 목숨을 걸만큼 열정이 있는 사람이다.

'한 번 해보고 안 되면 다른 거 하지, 뭐.'라고 생각하는 순간 우리의 무의식은 죽을 만큼 달리지 않아도 된다는 사실을 인지한다. 하지만 '이거 아니면 안 돼'라고 생각하고 덤비는 사람은 무의식까지 모든 힘을 동원한다.

대부분의 사람이 후자라고 생각하는가? 천만의 말씀이다. 놀랍게도 의외로 많은 사람들이 열심히 한다고 말하지만 전자의 생각을 가지고 있다. 죽을 만큼 달리는 사람은 그만큼 그 일을 좋아하고 열정을 가진 사람이다.

모두가 힘들다고 말하는 직업 세계에서도 성공하는 사람은 반드시 있다. 성공하는 사람은 진짜로 그 일을 좋아하는 사람이다. 가장 중요한 것은 취업률도 합격률도 아니다. 자신이 그 일을 통해 정말 행복할 수 있느냐 하는 것이다. 즉, 나만의 why가 있는 일이어야 한다.

수업시간에 A4용지를 나누어주고, 아는 직업을 모두 적어보라고 한 적이 있다. 아이들은 처음에는 부지런히 써내려간다. 그런데 20개 정도 적고나면 속도가 점점 느려진다. 많이 쓰는 친구들은 30~40개 정도이다. 우선순위를 살펴보면 최근 10여 년간 인기몰이를 하던 직업이 상위에 있다. 세상에는 15,000여 종이 넘는 직업이 있다고 한다. 그리고 계속해서 새로운 직업이 생겨나고, 과거에 있던 직업이 사라지고 있다. 그런데 아이들은 자신들이 아는 겨우 몇 개의 직업 속에서 인생을 선택하려고 한다. 우물 안 개구리 같은 발상이다.

평생직장은 이미 옛말이 되었다. 옛말이 된지도 오래다. 우리는 그 변화를 너무 느리게 받아들이고 있다. 앞으로는 적어도 10년에 한 번씩 이직하는 시대가 온다. 아니, 이미 그런 시대가 도래했다.

몇 년 전, 앞으로 우리는 최소 10번은 직업을 바꾸게 될 거라는 말을 들었을 때, 나는 이렇게 생각했다.

'그래도 나는 공무원인데, 평생 직업이겠지.'

하지만 지금은 생각이 달라졌다. 공무원이 철밥통인 시대는 지났다.

이미 시대의 흐름은 바뀌고 있다. 예전에는 앞으로 나아가지 않더라도 한 자리에 오래 머무르면 평균적인 삶을 살 수 있었다. 하지만 지금은 한 자리에 오래 머무르는 것이 퇴보가 되었다. 누구에게도 '내 자리'라고 보장된 곳은 없어졌다. 과거 10년 동안 인기였던 직업을 좇아 대학 입학과 직장 취업을 준비한다면 시대 흐름에 합류할 수 없을 것이다.

서점에서 책을 보던 중, 눈에 들어오는 제목이 있었다. 오늘날 직업 세계를 잘 설명해준 말이라는 생각이 들었다.

"A학생은 C학생을 위해 일한다. B학생은 정부를 위해 일한다."

학창 시절 가장 똑똑하던 학생들은 대기업에 들어가 월급을 받으며 일한다. 전문직이라고 다르지도 않다. 사법 연수원 성적이 좋은 학생들이 대형 로펌에 들어가고, 레지던트 때 성적이 가장 좋은 의사들이 대형 병원에서 일한다. 그들 모두 월급을 받으며 일한다. 우리나라의 중요한 부분을 이끌고 있는 사람들임에는 분명하지만 월급을 받으면서 일하는 사람이라는 점에서 다르지 않은 것이다.

하지만 C학생은 그런 기업을 세운다. 처음에는 힘든 사업으로 시작하겠지만, 그들은 어려움과 고난의 시간을 겪고 CEO가 된다. 우리나라의 대기업만 보더라도 제대로 된 교육도 받지 못한 채 가난한 시절 힘들게 일해서 가게를 차리고 기업으로 성장시킨 사람들이 대부분이다. 역사적 인물들도 어린 시절에는 한결같이 학교의 문제아였다는 점도 흥미롭다. 이유가 무엇일까. 그들은 특별한 사람이었던 걸까?

『공부논쟁』이라는 책에서는 모범생에 대해 이렇게 이야기한다.
"학창시절 공부를 잘하던 학생은 그때 이미 머리가 다 타버려 더이상 쓸 머리가 없다. 그 과정에서 그들은 창의성을 잃어버린다."

처음부터 안정적인 길을 간 사람은 현재의 편안함과 보장된 삶을 버리기 어렵다. 새로운 도전을 시도하고 그 실패를 감당할 자신감을 점점 잃는다. 인생에 실패가 없었다는 것은 어떤 의미일까? 누군가는 자랑처럼 이야기하는데 정말 자랑할 만한 일일까?

인생에 실패가 없었다는 것은 도전 또한 없었다는 뜻이기도 하다.

게다가 도전하더라도 실패하지 않을 만큼 자신 있는 일에만 도전한다. 그들은 실패에 대한 면역력이 없기 때문이다. 조금만 좌절을 겪어도 큰 충격으로 받아들인다. 대기업에서 일찍 은퇴한 사람들은 가장으로서 자신감을 잃고 방황하며 그 시간을 어떻게 해야 할지, 앞으로 어떻게 살아야 할지 이겨내지 못한다. 특히, 승승장구했던 사람들일수록 제 2의 인생을 어떻게 살아나가야 할지 더 힘들어한다.

이도 저도 아닌 B학생은 공무원이 되어 정부 기관에서 일하는 경우가 많다고 한다. 나 역시 딱 그런 B학생이었고, 지금의 세태를 봐도 동의하는 말이다. 이 집단도 안정적인 삶에 만족하며 새로운 도전을 두려워하는 집단이다. 심지어 사회 경험도 없어, 퇴직금을 가장 많이 날리는 직업 1위가 교사이고 그 다음이 공무원이라고 한다. 요즘에는 그 직업을 가장 부러워하고 있다.

사실 공부를 잘하고 못하고의 문제가 아니다. 실패를 이겨내는 태도의 문제이다. 실패를 두려워하지 않는 마음이 중요한 것이다. 실패를 했다는 것은 부끄러운 일이 아니라 멋진 도전을 해보았다는 훈장이다. 카카오톡을 만든 김범수 사업가는 매번 사업에 성공할 때마다 그 사업을 다른 사람에게 넘기고 본인은 바닥에서 새로운 사업을 시작했다. 가진 것을 버리고 새로운 도전을 할 수 있는 용기, 그 용기가 스스로를 성장시키고 세상을 변화시킨다.

5
꿈은 객관식이 아니야

#1

"난 공간 감각이 좋대. 추천직업으로는 의사, 한의사, 약사가 나왔어. 나 대단하지 않냐? 수학자랑 수학교사도 있네. 또 공무원, 항해사가 있어. 승호 넌 어때?"

"난 언어지능이랑 대인관계 지수가 높게 나왔어. 변호사, 검사, 경찰, 작가, 아나운서가 나왔네…"

예전에 했던 적성검사 결과가 나왔다. 여기저기서 들리는 흥분된 목소리들이 교실을 시끌벅적하게 만들었다.

승호는 조용히 고민에 빠졌다. 딱히, 뭘 해야 할지 몰랐는데 오늘 뭔가 답을 찾은 기분이었다.

'아무래도 이 중에서 한 가지를 골라야겠어. 법대에 가기엔 성적이 좋지 않고, 경찰은 어떨까?'

승호는 집에 도착하자마자 컴퓨터를 켰다. 작년 수능 입시결과와 입학 가능한 학과를 비교해놓은 분석표를 찾았다. 그리고 각 대학에 접속해 경찰학과에 대한 정보를 얻었다.

'일단, 운동부터 시작해야겠다.'

승호는 혼자만의 고민에 대한 답을 얻은 듯한 기분이었다.

적성검사 결과가 나오는 날의 떠들썩한 분위기는 지금이나 10년 전이나 변한 게 없다.

청소년기에 진로는 아주 중요한 문제다. 하지만 그 답을 찾는 과정이 더 중요하다.

요즘은 검사의 종류도 많아져서, 성격검사부터 적성검사까지 다양하다. 진로시간에는 각종 검사를 통해 성격유형과 다중지능을 분석해주고, '너에게 맞는 직업은 이런 것이 있다'고 제시해준다. 물론, 이런 검사를 통해 생각하지 못했던 자신의 모습에 대해 알 수도 있다. 하지만 몇 가지로 분류된 기준으로 자신의 진짜 모습을 찾을 수는 없을 것이다. 참고만 할 수 있을 뿐이다.

대부분이 승호처럼 각종 진로 및 적성 검사를 통해, 추천해주는 직업에서 자신의 미래를 찾는다. 또는 대형 서점 청소년 코너를 빼곡히 채우고 있는 '직업 백과사전'에서 가장 마음에 드는 직업을 고른다. 그 직업의 내면은 보지 못한 채 겉으로 드러나는 속성만 비교하면서 말이다.

\#2

"띠리링"

"아, 또 아침이구나. 에휴."

지은이는 힘들게 자리에서 일어났다. 대충 출근 준비를 마치고 지하철로 향했다. 역시나 만원이다. 서로 밀고 밀리는 콩나물 지하철 속에서 겨우겨우 한쪽 손잡이를 잡았다.

'이놈의 대중교통은 언제 해결되는 거야.' 중얼거리며 지하철에서 겨우 빠져나와 허겁지겁 회사 안으로 뛰어 들어갔다.

'휴, 그래도 오전 회의에는 늦지 않았다.' 지선이와 함께 모닝커피 한 잔을 들이키며 회의장소로 향했다. 어제 동문회 약속이 있었다던 지선이는 늦게까지 놀았는지 눈이 반쯤 풀려 있었다.

"어제 선후배들 많이 만났어?"

"응, 말도 마. 새벽까지 술을 마셨더니 피곤해죽겠네."

"재밌었나보구나?"

"재미는 무슨, 다들 자기 신세한탄이지 뭐. 졸업 후에 취직이 어렵다고 로스쿨에 간 선배가 있었는데, 이번에 대형 로펌에 들어갔어. 월급은 많겠지. 그런데 새벽 2시 퇴근이 기본이래. 살이 쭉 빠진 거 있지. 직장이 그렇게 좋은데도 야근에 주말 출근이 기본이라 데이트는커녕 소개팅할 시간도 없대. 홀로 살다 죽을 거 같다나 뭐래나."

"와, 그런 사람도 불만이 있나봐? 그래도 우리 같이 쥐꼬리 월급은 아닐 텐데."

"요즘은 전문직도 그냥 다 월급쟁이라잖아. 언제 잘릴지 모르니

뭐, 별 수 있나. 안색이 말이 아니더라고. 아! 그리고 선욱 선배라고 스펙 엄청 쌓아서 S그룹에 들어간 선배, 기억나?"

"응, 기억나. 학창시절 내내 영어에 제 2외국어는 기본이고 각종 자격증까지 땄다는 그 사람?"

"맞아! 그 선배, 회사 그만뒀대."

"아니 왜? 다들 못 들어가서 안달이라는 그 S그룹을 그만 뒀다고?"

"응. 우리 회사에도 거기로 이직하고 싶어서 안달난 사람들 많잖아. 에휴, 다들 힘들긴 마찬가지인가 봐. 그 선배도 스트레스가 너무 심해서 탈모도 생기고 간도 안 좋아졌대. 1년 정도 여행 준비 중이라더라."

"휴, 힘들어도 여기 붙어있어야 하는 건가. 계속 있자니 미래도 안 보이고. 나도 요즘 유학이라도 가야하나 고민이야."

"그래. 그렇게 탄탄하던 D그룹도 위태롭다고 하잖아. 구조조정 문제로 몇 달째 회사가 떠들썩하대. D그룹 입사했다고 그렇게 떵떵거리던 내 친구도 불안하다고 하소연하더라."

#3

"그래, 이 정도면 됐어." 비행기 창문을 살짝 올리며 기지개를 폈다. 벌써 해가 뜨고 있다. 하늘에서 바라보는 일출과 일몰은 그야말로 장관이다. 한 시간 후면 말레이시아에 도착한다는 기내방송이 나왔다. 마침 고객들에게 보낼 자료도 마무리됐다. 어제는 캐나다 밴쿠버에 있었는데, 오늘은 말레이시아다.

말레이시아의 수도, 쿠알라룸푸르에 도착하자마자 예약해둔 호텔로 향했다. 당분간은 휴양지인 랑카위에서 지낼 생각이다. 그전에 처리해야 할 일과 회의가 있었다. 호텔에서 짐을 풀고 바로 인터넷에 접속했다. 우선, 홈페이지에 들어가 고객들의 글에 답을 하고 지난번에 블로그에 올린 글에 대한 코멘트를 읽었다. 12시간 비행을 했더니, 그 사이에 메일이 많이 쌓여 있었다. 답장을 모두 보내고, 비행기에서 만든 자료를 고객들에게 보냈더니 벌써 몇 시간이 훌쩍 지났다. 슬슬 점심을 먹으러 나가봐야겠다. 오후에는 고객과 화상 미팅이 잡혀있다.

회의가 끝나면 랑카위 해변에서 노을을 보며 푸짐한 해산물을 저녁으로 먹을 계획이다.

자, 어떤 삶을 살고 싶은가? 두 번째 사례는 공상이 아니냐고? 아니면, 유산을 많이 물려받은 재벌가의 생활 아니냐고? 아니다. 두 번째 사례는 『The $100 start up』이라는 책에 나오는 1인 기업가의 하루다. 첫 번째 사례는 너무 극단적인 것 아니냐는 반문이 들 수도 있겠지만 대부분의 직장인들이 겪는 실제 모습이다. 물론, 아주 만족하며 직장 생활을 하는 사람도 있다. 하지만 그런 사람들은 10% 정도에 불과하다. 그들은 '자신이 이 일을 왜 하는지' 의식이 있는, why가 분명한 사람들이다.

첫 번째 사례의 빡빡한 직장 생활과 비교하여 두 번째 사례처럼 살아야 한다고 말하는 것이 아니다. 다만 이런 생활도 있다는 것을 알려주며 좁은 시야로 세상을 바라보는 우물 안 개구리 같은 입장에서 벗어나자는 것이다. 그만큼 세상은 빠르게 변하고 있다. 또한 일부 사람들은 직업 사전에 나오지 않는 새로운 일을 스스로 만들어 즐겁고 행복하게 살고 있다.

회사에 돈을 벌어다 주는 직장인이 아닌 자신의 모든 시간을 자신이 하고 싶은 일에 쓰는 삶을 상상해보자. 전 세계에는 많은 사람들이 각자 다른 방법으로 오로지 자신을 위한 직업을 갖고 살아가고 있다.

『나는 나에게 월급을 준다』의 저자 마리안 캔트웰은 다양한 나라에서 아침을 맞이하며 자신의 일을 즐기고 있다. 그녀는 여행 작가일까? 아니다. 여행 가이드도 아니다. 그녀는 1:1 컨설팅을 하는 1인 기업가이다. 이 책을 처음 읽었을 때 신선한 충격을 받았다. 딱 내가 원하는 삶을 살고 있었기 때문이다. 아주 자유롭게, 하고 싶은 일을 하면서, 원하는 장소에서, 꽤 높은 수입도 보장되는 삶 말이다. 현실에 있는 일이었다. 그녀는 아름다운 해변에서 아침을 맞이하며 자신의 노트북으로 전 세계 사람들을 대상으로 업무를 본다. 인터넷이 되는 곳이라면 세계 어디든 그녀의 일터이다. 그리고 남은 시간은 그곳의 여유와 낭만을 즐긴다. 매일 출퇴근 지옥을 겪을 필요도 없고, 한 곳에 정착해 살 필요도 없다. 그녀는 떠나고 싶을 때 떠난다. 그런데도 통장에는 돈이 쌓인다. 너무나도 아름답지 않은가.

그녀는 누구에게나 인정받는 잘나가던 회사를 그만두고 자신이 잘할 수 있는 일과 자신이 좋아하는 일을 결합하여 그녀만이 할 수 있는 일을 시작했다. 기존에 있는 직업이 아니었다. 스스로가 만든 직업이었다. 기존의 직업은 그녀 외의 다른 사람도 할 수 있는 일이었지만, 스스로 만든 직업은 오로지 그녀만이 할 수 있는 직업이다.

『The $100 start up』이라는 책에는 이와 같은 1인 기업가에 대한 이야기가 많이 나오는데, 그 중 몇 가지만 소개한다.

여행을 좋아하는 한 남자가 있었다. 아일랜드 태생인 그는 구사할 줄 아는 언어가 영어뿐이었다. 스페인에 머물면서도 스페인어가 전혀 향상되지 않는 것을 보며, 제대로 공부해보기로 결심했다. 그렇게 스페인어를 정복하고, 베를린에서는 독일어를, 파리에서는 프랑스어를, 프라하에서는 체코어를 배웠다. 여행을 하면서 체류한 국가의 언어를 배우기 시작한 것이다. 그는 그 경험을 통해 자신의 '언어 습득 능력'이 굉장히 뛰어나다는 것을 알게 되었다. 2년 동안 7개의 언어를 익힌 베니 루이스는 자신의 경험을 정리하여 언어 학습법을 만들고 '외국어 3개월 만에 정복하기' 프로젝트로 자신만의 사업을 시작했다. 그는 자신의 경험과 장점을 살려 온라인 사업으로 즐겁게 일하고 있다.

인도의 푸르나 두기랄라는 회사를 다니면서 엑셀 프로그램을 다루는 능력과 정리하는 기술이 탁월함을 알게 되었다. 그는 자신의 웹사이트를 개설하고, 엑셀 사용팁과 회사에서 필요한 양식을 직접 만들어 공유하기 시작했다. 다운로드 가능한 안내서와 교육 프로그램을 지속적으로 제공하던 것이 그의 사업 아이템이 되었다. 그는 현재 엑셀 프로그램 하나로 인도에서는 상상하기도 힘든 외화를 벌어들이고 있다. 그가 자신만의 독특한 직업을 가질 수 있었던 것은 아주 가까이, 사소한 것에서 자신의 재능을 발견했기 때문이다.

정리를 잘하는 사람이 있고 그렇지 않은 사람이 있다. 나는 후자다.

학교에 근무하게 된 첫 날, 청소 시간이었다. 조용히 한 남학생이 내게 다가와 속삭였다. "선생님, 창문부터 열어야 하지 않을까요?"

아차. 나는 문을 꼬옥 닫은 채 청소를 진두지휘하고 있었다.

다른 학교에서는 청소시간에 교무실의 내 자리를 정리해주던 제자가 있었다. 청소가 아니라 말 그대로 '정리'였다. 누가 시킨 것도 아니었는데 너무 어지럽혀져 있는 모습을 볼 수가 없었나보다. "넌 그냥 정리 회사나 하나 차려라"라고 농담을 던졌는데 정말 그런 업체가 있다.

인터넷을 통해 가정에 방문해서 집안 정리를 도와주는 업체를 발견했다. 그 업체가 하는 일은 부엌, 거실, 서재, 방 또는 집 전체 등 공간을 분류하여 고객이 원하는 공간의 정리를 도와주고 앞으로 어떻게 정리하면 되는지 기술을 알려주는 것이었다. 가격도 싸지 않았다. 나 같은 사람에게 정말 필요한 서비스가 아닐까 하는 생각을 해봤다. 그들은 '정리'라는 재능으로 돈을 벌고 있는 것이다.

지금은 그런 시대다. 내가 가진 능력으로 다른 사람에게 도움을 줄 수 있다면 그것이 모두 가치로 환산된다.

모두가 이렇게 살아야 한다는 것은 아니다. 특히 그들이 성공하고 난 이후의 부러운 모습만 바라봐서는 안 된다. 이 글을 읽고 무턱대고 사업을 하겠다고 덤벼들지 않기를 바란다. 그보다 자신의 재능과 적성을 발견하는 일이 얼마나 중요한지 깨닫기 바란다. 나의 재능과 적성을 너무 사소한 것이라고 무시하지 않길 바란다. 그리고 남이 좋다고 하는 직업보다 자신의 적성에 맞고 자신의 재능을 발휘할 수 있는 직업이 가장 좋은 직업임을 분명히 새겨두었으면 한다.

과거의 많은 직업들이 사라지고 있으며 새로운 직업들 또한 생겨나고 있다. 그리고 최고 수입을 올리는 직업도 끊임없이 변하고 있다. '사'자 직업이 최고인 시대는 지났다.

많은 사람들이 자신만의 독창적인 일을 만들고 있다. 개인의 독창적인 개성과 적성을 살려 자신만의 콘텐츠를 만들고 있다. 그런 사람들이야말로 정말로 행복한 인생을 즐기고 있는 것 아닐까?

지금은 무슨 시대일까?

지식 정보화 시대라고 답했다면 틀렸다.

지금은 산업 사회도, 지식 정보화 시대도 아니다.

지금은 '콘텐츠의 시대'이다.

산업 사회에서는 시키는 일을 잘하는 노동자가 필요했고, 뛰어난 지식인이 지배층을 이루었다. 시키는 일을 잘하는 사람을 대량으로 양성하기 위해 획일화된 교육 시스템이 등장했다. 그 시스템 아래에서 착실하게 교육을 받은 똑똑한 사람들이 지배층을 이루었고 학벌 사회가 형성되었다.

지식 정보화 사회에서는 지식이 많은 사람보다 정보를 가공할 줄 아는 사람이 지배층을 이루었다. 이와 함께 IT 산업이 부상했고, 사람들은 좋은 기업에 들어가기 위해 발버둥 치게 되었다. 좋은 기업은 높은 연봉과 안정된 노후를 보장해주었기 때문이다.

하지만 콘텐츠 사회에서는 자신만의 개성 있는 콘텐츠를 창조할 수 있는 사람이 세계를 주도한다. 좋은 직장은 우리의 행복한 삶을 더 이상 보장해주지 못한다. 자신이 좋아하는 것이 무엇인지 정확히 바라보고, 자신의 재능을 발견하는 사람만이 자신만의 콘텐츠를 창조할 수 있다.

예전에는 직장생활에 잘 적응하는 '대체 가능한 사람'의 시대였다면 지금은 다른 사람은 할 수 없는 일을 하는 '대체 불가능한 사람'의 시대이다.

직업 백과사전에서 자신의 인생을 선택하지 말자. 부모님, 선생님이 직업 백과사전을 내미는 이유는, 그들은 산업 사회와 지식 정보화 사회를 살아온 사람들이기 때문이다. 그들은 대체 가능한 사람이 성공하는 모습만을 바라봤기 때문이다. 하지만 우리가 살아갈 시대는 콘텐츠로 승부하는 시대이며 대체 불가능한 사람이 행복하게 사는 시대다.

많은 친구들이 고민하는 적성과 흥미 사이의 갈등은 참 어려운 일이야. 선생님도 오랫동안 고민했던 문제거든.

    지금은 좋아하는 일과 잘하는 일이 같은 친구들을 보며 부러워하겠지만, 세상의 모든 일에는 일장일단이 있단다. 좋아하는 일과 잘하는 일이 일치하는 친구들은 한 가지에만 몰두하다보니 다양성을 잃기 쉬워. 반대로 좋아하는 것과 잘하는 것이 다르다면, 더 많은 일을 경험할 수 있고 적절하게 활용해서 나만이 할 수 있는 일을 발견할 수도 있단다. 그렇게 생각하면 마음의 여유가 생기지?

    인생은 한 가지 답으로 수렴되지 않아. 선생님은 너희들이 늘 행복한 삶을 추구하면 좋겠구나. 미래를 위해 현재를 희생하지도 말고, 현재의 쾌락에 치우쳐 미래를 포기하지도 않았으면 좋겠어. 너희들 인생의 방향이 1등이 아니라 자신의 행복에 있다면, 지금 잘하고 못하고는 중요하지 않아. 쫓기며 압박받는 1등보다는 즐길 줄 아는 꼴찌가 더 행복하지 않겠니?

    애들아, 너희들은 아직 자신의 가능성을 모르고 있어. 더 즐거운 삶, 행복한 삶을 위해 지금 다양한 시도를 해보렴. 실패해도 괜찮단다. 실패가 무능력을 의미하는 것은 아니야. 일단 뭐든지 해봐야 앞으로 나아갈 수 있어.

눈앞에 펼쳐진 좁은 세상만 바라보며 직업과 대학을 선택하지 말고 자신의 내면을 바라봐줘. 조금 더 멀리보고 하고 싶은 일을 따라가다 보면 인생을 어떻게 살아야할지 볼 수 있을 거야.

우리 인생은 객관식이 아니라 주관식이란다. 스스로 창조해 나가는 인생, 나만의 답을 찾아보는 게 어떨까.

한/ 줄/ 요/ 약/

1. 좋아하는 것과 잘하는 것 사이에서

1)하고 싶은 일이 잘하는 일보다 우선이다.

2)지금 잘하는 일이 타고난 적성은 아니다.

3)재능을 개발하는 데는 타고난 적성보다 신중하게 계획된 연습이 더 중요
   하다.

2. 좋아하는 것을 잘하지 못하는 게 어때서?

1)내가 그 일을 잘하지 못한다고 생각하는 기준은 무엇인가?

   A. 좋아하는 일이라면 1등이 되지 않아도 괜찮다.

   B. 1등이 되기 위해서라면, 열정이 생길만한 일이 아니다.

2)그 일을 잘하지 못하는 이유는 무엇인가?

   A. 재능을 개발하기 위해서는 제대로 된 방법으로 연습하는 것이 중요하다.

   B. 제대로 된 방법을 찾기 위해서는 시행착오가 필요하다.

   C. 좌절을 좌절로 남기지 말고 나의 성장으로 변화시키자.

3)나는 좋아하는 분야의 어떤 속성을 좋아하는가?

   A. 획일화된 몇 가지의 교과목으로는 재능을 판단할 수 없다.

   B. 수학을 좋아하는 사람들 중에서도 각자 좋아하는 분야는 다르다.

   C. 한 가지 활동 속에서도 더 세분화 된 적성을 찾아보자.

3. 좋아하는 것만 하며 살 수는 없나

1)학창시절에 많은 것을 경험해봐야, 앞으로의 인생에 대해 설계할 수 있다.

2)지금 맡은 일에 최선을 다하자. 자신이 몰랐던 흥미를 발견할 수도 있고,
   미래의 자신에게 뜻밖의 자산이 될 수도 있다.

4. 어디로 가야 취업이 잘 될까?

1)단기적인 안목으로 진로를 결정하지 마라.

2)평생직장은 이미 옛말이 되었다. 안정적인 직업이 능사가 아니다.

5. 꿈은 객관식이 아니야

1)내가 가진 능력으로 다른 사람에게 도움이 된다면 모두 가치로 환산된다.

2)콘텐츠 시대에서는 자신만의 개성 있는 콘텐츠를 창조할 수 있는 사람이 세계를 주도한다.

3)내가 좋아하는 것이 무엇인지 정확히 바라보고, 나의 재능을 발견하는 사람이 나만의 콘텐츠를 창조할 수 있다.

4장

인생을 풍요롭게
만들어주는 마음가짐

1
나를 믿는 '신념'

성공을 확신할 수 없는 일일지라도 그 일을 시작하는 순간부터 앞으로의 성공을 믿어 의심치 않는 것. 그것이 바로 신념이다.

— 『나를 부자로 만드는 생각』 중에서

'인간이 뇌를 100% 활용할 수 있다면 어떤 일이 일어날까?'

아마도 우리 인간은 자연과 혼연일체가 되어 말도 필요 없이 세상의 모든 이치를 몸으로 받아들일 수 있지 않을까.

스칼렛 요한슨이 주연을 맡은 영화 〈루시〉에 이러한 상상이 담겨있다. 평범한 삶을 살던 루시는 전 남자친구 때문에 마약조직과 얽히게 된다. 거대한 마약조직은 CPH4라는 신종 마약을 운반하는데 루시도 마약 배달에 이용당한다. 그들은 강제로 루시의 몸 안에 마약 주머니를 넣고 꿰매버린다. 그런데 외부의 충격으로 인해 루시 몸 안의 마약이 조금씩 새어나와 신체 내부로 흡수된다. 그 후, 루시는 인간의 뇌 사용량을 뛰어넘는 능력을 가지게 되고, 뇌 사용량이 점점 증가하여 결국 100%에 달한다. 영화의 마지막 장면은 루시가 뇌를 100% 사용할 때 어떤 일이 일어날 지로 끝난다.

우리는 우리 뇌의 아주 일부분만 사용하고 있다고 한다. 아인슈타인 같은 천재도 뇌의 10%도 사용하지 못했다고 하니, 뇌에는 아직 숨겨진 비밀이 더 많은 것 같다. 사실 이것도 하나의 추측일 뿐, 뇌 사용에 대한 과학적인 이론은 아직 나오지 않았다. 우리는 뇌에 대해 모르는 것이 더 많다. 하지만 분명한 것은 뇌에 잠재되어 있는 무의식을 활용할 수 있게 되면 일상생활에 굉장한 도움이 될 것이라는 점이다.

정신분석학자들은 의식을 물 위로 솟아난 '빙산의 일각'으로 비유한다. 무의식은 바다 아래 잠겨 눈에 보이지 않는 빙산의 거대한 부분이다. 의식은 전체의 10%정도 이고 나머지 90%는 무의식이라는 말이다.

정신분석학의 창시자인 프로이트는 사람이 무의식에 대해 전혀 알지 못하더라도 무의식은 그 사람의 행동에 영향을 미친다고 보았다. 어려운 말이 많이 나오지만, 결국 무의식이 우리의 정신활동에 알게 모르게 영향을 준다는 것이다.

우리가 모르는 우리의 가능성이 뇌에 잠재되어 있다는 말이다.

매일 나의 꿈을 상상하라.

실제로 무의식을 잘 활용하여 성공한 사람들의 이야기는 심심찮게 들어볼 수 있다. 최고의 자기계발서로 불리는 나폴레옹 힐의 『나의 꿈 나의 인생』, 전 세계를 강타한 베스트셀러 『시크릿』, 이지성 작가의 『꿈꾸는 다락방』 등의 맥락은 같다.

"당신의 꿈을 생생하게 상상하면 반드시 이루어진다."

내가 이 말을 처음 접했던 것은 7년 전 이지성 작가의 『꿈꾸는 다락방』을 선물 받았을 때였다.

내용이 참 신선했다. 하지만 쉽게 받아들일 수가 없었다. 특히, 아인슈타인의 위대한 업적이 그의 노력이 아닌, 꿈을 상상하는 습관에서 나왔다는 말을 표면 그대로 받아들이기에 나는 너무나도 이성적인 물리학자였다.

하지만 그 책은 날개 돋친 듯 팔렸고, R=VD(Vivid - 생생하게 - Dream - 꿈꾸면 - Reality - 현실이 된다)라는 공식은 꿈을 이루는 해법처럼 등장했다.

그 후에 읽은 수많은 자기계발서에서 비슷한 이야기를 반복적으로 접했지만, 여전히 반신반의했다. 그리고 몇 년이 지난 지금, 그 말의 속뜻을 어느 정도 이해하게 되었다.

먼저, 나와 같은 오해는 하지 않기 바란다. 생생하게 상상하는 것만으로 꿈이 이루어진다는 이야기를 하면, 대부분 마법과도 같은 공상과 환상에 빠진다. 여기서 '생동감 있게 상상하라'는 것은 아무 것도 하지 않고 누워서 공상이나 환상에 빠져있으라는 말이 아니다.

그렇다면 '생생한 상상'의 효과는 어디서 오는 것이며, 어떻게 활용하라는 것일까?

1)나의 꿈을 소중히 여겨라.

우리는 힘들게 찾은 나의 꿈을 소홀히 대하는 경향이 있다. 마음속으로 어떤 일을 해야겠다고 결심했다고 하자. 처음에는 의욕에 불타오른다. 하지만 며칠 지나고 나면 우리 마음속에는 꿈이 흘러간 흔적만 남아있다. 작심삼일이라는 말이 여기서도 그대로 성립한다. 하지만 매일 성공한 내 모습을 상상하는 것은 매일 나의 꿈에 생명을 불어넣는 것과 같다.

2)나의 꿈에 생명을 불어넣는 일은 무의식 속에 '내 꿈은 아주 중요한 일이다'는 것을 각인 시키는 것이다. 우리는 무의식을 조절할수는 없다. 하지만 무의식이 어떻게 작동하는지를 이해하고 활용할수는 있다.

무의식은 어떤 일을 중요하게 여길까? 우선은 생명이 걸린 일을 중요하게 여긴다. 호랑이 굴에 들어가도 정신만 차리면 산다고 했다. 생명이 위급할 때 무의식은 온통 그 문제에 집중하게 된다.

다음은 반복되는 일이다. 계속해서 고민하던 문제의 해결책이 어느 날 번뜩 떠오른 경험이 있을 것이다. 계속해서 한 가지 생각을 함으로써 무의식은 그 문제를 생명이 걸린 문제만큼 중요한 것이라고 받아들인다. 그리고 그 문제를 해결하기 위해 최선을 다한다. 우리가 다른 일에 집중하고 있을 때조차도 무의식은 그 문제에 집중한다.

자신의 꿈을 매일 상상하는 것은 무의식에게 '내 꿈은 아주 중요한 일이다'는 것을 알려주는 것이다.

3)뇌가 활성화된다.

의식적으로 무언가를 할 때는 뇌에서 굉장한 에너지가 소모된다. 하지만 무의식은 에너지 소모 없이 24시간 가동될 수 있다.

무의식이 담당하는 영역의 하나는 습관이다.

'나도 모르게 그만…'이라며 의도치 않게 실수하는 것도 습관 때문이다. 습관은 무의식의 영역이라 별다른 에너지를 쓰지 않고도 무심결에 일을 처리한다.

이러한 고효율의 무의식을 긍정적으로 이용해보자. 매일 같이 내 꿈을 상상하여 마음에 새겨 넣으면 무의식은 그 일을 중요한 것으로 각인한다. 그 이후는 어떻게 될까? 우리가 다른 일을 하고 있더라도 우리의 무의식은 '중요한 일'을 잊지 않고 그 일을 해결하기 위해 가동된다. 우리 뇌는 꿈을 이룰 수 있는 최적의 방법을 모색하게 되고,

결국 성공확률을 높인다.

4)실행할 수 있는 힘, 의지력이 생긴다.

많은 자기계발서에서 꿈을 실행하는 방법 중 하나로 '매일 아침 종이에 꿈 쓰기'를 권한다. 아침에 일어나서 자신의 꿈을 글로 쓰는 것이다. 꿈이든, 목표든 뭐든지 좋다. 단순히 글로 쓰는 것에 어떤 효과가 있을까? 거대한 내 꿈을 이루기엔 너무 쉬운 방법이 아닌가 하는 생각이 든다.

나도 처음에는 그 성과를 의심했다. 꿈을 상상하고, 매일 아침 종이에 꿈을 적는 것만으로도 꿈을 이룰 수 있다는 이야기는 마치 환상으로 들린다. 하지만 꿈을 이룰 수 있는 이유는 '상상'과 '쓰기'라는 행동 때문이 아니다. '꿈 쓰기'는 지속적으로 실행할 수 있는 힘을 준다.

스콧 애덤스는 〈딜버트〉라는 유명한 만화를 그린 작가다. 우리에겐 생소할지도 모르겠지만 〈딜버트〉는 최근 30년간 신문에 연재된 만화 중 최고의 인기작이다. 그는 매일 긍정의 한마디를 되뇌었다. "나, 스콧 애덤스는 유명한 만화가가 될 것이다." 그가 처음부터 만화가였던 것은 아니었다. 직장 생활을 하면서 틈틈이 그린 만화가 성공하기까지 그의 긍정적인 신념도 한몫했다.

매일 아침 노트에 꿈을 쓰는 순간, 자신도 모르는 사이에 실행력이 생긴다. 이것도 무의식의 힘이다.

'쓰기'의 큰 효과를 맛보았던 것은 10년 전 임용시험을 준비할 때였다. 그때는 이런 효과에 대해 알지도 못했다. 다만, 스스로 긴박했기 때문에 자극제가 필요했다.

그 당시 나는 작은 소형차를 운전하고 다녔다. 내가 가장 많이 보게 되는 공간이 어딜까 고민하다가 찾은 곳이 바로 운전대였다. A4 용지를 반으로 접어 두꺼운 매직으로 "합격"이라는 두 단어를 큼지막하게 적었다. 그리고 운전대 경적 위에 붙였다. 아주 크게 적었기 때문에 밖에서 들여다봐도 보일 정도였다. 지금 생각하면 어떻게 그렇게 했을까 싶지만, 그때는 부끄러움도 모를 정도로 절박했다. 그 뒤로 6개월 동안 꼬박 붙이고 다녔다. 이 작은 행동 하나가 나를 어떻게 변화시켰을까?

매일 아침 도서관으로 가는 30분 내내 '합격'이라는 단어를 보면 없던 자신감도 생겼다. 그리고 하루 종일 공부해도 의지력을 잃고 다시 나태해지기 쉽다. '내가 과연 할 수 있을까'라는 생각이 들 무렵 집으로 돌아오면서 또 '합격'이라는 글자를 보면 다시 긍정적인 생각으로 하루를 마무리할 수 있었다. 덕분에 공부하는 기간 내내 스스로 나약해지는 것을 막을 수 있었다.

'상상하면 이루어진다'는 말이 조금은 이해가 되었을까? 매일 아침, 저녁으로 꿈을 이룬 자신의 모습을 생생하게 상상해보자. 그리고 일과를 시작하기 전, 자신의 꿈과 목표를 종이에 적어보는 것은 어떨까. 반드시 이룰 수 있다는 신념을 갖게 될 것이다.

긍정적인 생각

긍정적인 생각. 너무나도 많이 들어온 말이라 식상할지도 모르겠다. "긍정적으로 생각하라." 누구나 하는 말을 또 다시 하고 싶지는 않다.

다만, 여기서 '우리는 과연 얼마나 긍정적인가?'에 대해 생각해보는 시간이 되었으면 한다. 대부분의 사람들은 긍정적인 생각이 얼마나 중요한지에 대해 표면적으로만 이야기한다. 그러면서 많은 경우, 자신도 모르게 부정적인 생각과 감정을 더 많이 떠올린다.

다음은 일상생활 속 상황이다. 이런 상황에서 보통 어떤 생각을 하는가?

아침에 눈을 떴다.
1)벌써 아침이네. 일어나기 싫다. 더 자고 싶은데.
2)아, 상쾌한 아침이네. 오늘은 무슨 즐거운 일이 있을까?

수업 시작 종이 쳤다.
1)아, 또 수업이네. 지겨운 수학 시간이야.
2)종이 쳤네. 이번 시간은 재밌는 이야기를 많이 해주시면 좋겠다.

시험공부 중에.
1)너무 어려워. 내가 이걸 본다고 성적이 오를 리가 없지.

2)어렵긴 하지만, 잘 할 수 있을 거야.

시험 보는 날 아침.

1)또 시험이야. 성적이 더 떨어지면 어떡하지?

2)열심히 했으니까 잘 할 수 있을 거야.

어떤가? 대부분 1번을 선택하지 않았을까? 이 모든 것이 부정적인 생각이다. 하루 동안 내 생각을 가만히 들여다보자. 대부분 일어나기 싫다는 부정적인 느낌으로 아침을 시작한다. 꾸역꾸역 밥을 먹고 수업이 시작하기도 전에 '재미없고, 졸리다'는 생각으로 머리를 꽉 채운다. 공부 중에는 '해도 안 될 것 같다.'는 생각이 지배적이고, 시험 보는 날, 잘할 수 있다는 자신감보다 성적이 떨어지면 어쩌나 걱정한다.

이런 생각이 드는 순간 우리 무의식은 어떻게 작동할까?

우리 뇌를 교실이라고 생각해보자. '의식'은 반을 이끄는 선생님이고 '무의식'은 행동을 하는 학생이다. 선생님이 이번 체육대회에 대해 이렇게 말한다고 생각해보자.

"우리 반은 체육 못하잖아. 축구는 무슨. 1회전도 못 이길 걸."

여러분이 이 반 학생이라면 이번 체육대회에 최선을 다하게 될까, 대충대충 시간만 때우게 될까.

마찬가지다. 부정적인 생각을 하기 시작하면 무의식은 절대 불가능하도록 작동한다. 하지만 긍정적인 생각은 무의식으로 하여금 어떻게든 길을 찾기 위해 노력하게 만든다. 우리 뇌의 능력은 무한하다. 긍정적인 생각으로 무의식에게 제대로 일을 시킬 때, 비로소 그 능력이 발휘된다.

단, 정말 뼛속까지 할 수 있다는 자신감으로 무장한 채 진심으로 믿어야 한다.

그것이 바로 신념이다.

'나를 믿는다'는 것은 굉장히 중요한데 많은 사람들이 말로만 자신을 믿는다. 진짜 믿음과 신념이 없다면 무의식은 그 신념이 거짓이라는 사실을 금방 인지한다.

생각해보면 우리는 일상생활에서 '잘됐으면 좋겠다'는 긍정적인 말보다 '안 되면 어떡하지'라는 부정적인 말을 더 많이 쓴다.

내일이 시험이라면 '잘될 거야.'라는 생각을 많이 하는가, 아니면 '실수하면 어쩌지?', '어려우면 어쩌지?', '못 보면 어쩌지?'라는 생각을 더 많이 하는가.

싱가포르에서 들어오는 손님을 맞이하러 남편과 함께 공항에 간 적이 있다. 그 손님은 일요일 오전 6시 30분에 김해공항에 도착할 예정이었다. 그런데 미처 어느 항공사인지, 직항인지 환승편인지 미리 물어보지 않았다는 것을 그날 아침에 알았다. 김해공항은 국제선이 넓지 않기 때문에 만날 수 있겠지 라는 안일한 생각으로 공항에 도착했다. 조금 일찍 도착하여 항공편을 살펴봤는데 아무리 봐도 싱가포르에서 출발한 비행기를 찾을 수 없었다. 6시 30분에 도착 예정인 비행기도 없었다. 그때부터 우리는 당황하기 시작했다. 남편은 국내선과 국제선을 샅샅이 돌아다녔고 안내데스크에서 이것저것 물어보기도 했다.

순간 내 머릿속에 '아, 잘못된 정보였구나'라는 생각이 들었다. 아침 6시 30분이 아니라 저녁 6시 30분이든지, 일요일이 아니라 월요일인 것이 분명하다고 생각했다. 남편에게 여러 가지 상황을 근거로 제시하며, 남편이 알아온 정보가 틀렸다고 주장했다. 그리고 우리는 7시까지 국제선 도착 지점에서 기다리다가 손님을 만나지 못하고 집으로 돌아왔다. 내게는 정보가 틀렸다는 확신이 있었다.

그런데 다음날, 직장에서 손님을 만난 남편은 깜짝 놀랐다고 한다. 손님은 김해 공항에 오전 6시 30분에 도착했고 6시 50분까지 우리가 있었던 곳에 머물렀었다는 것이다.

비로소 우리는 왜 더 신중히 찾아보지 않았을까 후회했다. 김해 공항은 정말 작다. 대기실도 한눈에 다 보인다. 심지어 우리는 출구 바로 앞에서 기다렸다. 하지만 정보가 잘못되었다는 착각에 사로잡혀 더 이상 그 사실을 믿지 않았던 것이다. 때문에 손님을 찾지 못했던 것이다. 정보를 의심하지 않고 믿었다면 손님을 만날 수 있지 않았을까.

⟨catch me if you can⟩이라는 영화의 주인공 프랭크는 남을 속이는

데 천재적인 재능을 발휘한다. 그는 서류를 위조하고 뛰어난 연기력으로 팬 아메리카 항공 부기장, 외과 전문의, 변호사 등을 사칭한다. 최고의 FBI 요원조차도 바로 눈앞에서 그를 놓쳐 관객들을 안타깝게 만들었다. 어째서 FBI 요원들은 매번 프랭크를 놓쳤을까?

그 답은 프랭크의 신념에서 찾을 수 있다. 프랭크는 가면을 쓰고 변장을 하면 자신의 의식조차도 완벽하게 속였다. 조종사로 변장한 프랭크는 자기 스스로도 한 치의 의심 없이 자신을 조종사라고 믿었다. 스스로를 완전히 다른 사람이라고 믿었기 때문에 FBI 요원들은 그를 눈앞에 두고도 잡기 어려웠던 것이다. 이 영화는 실화라고 하니 실제로 그 신념의 효과가 얼마나 대단한지 알 수 있다.

범죄에도 이런 신념을 이용하는데 우리가 우리의 꿈을 실현시키기 위해 우리의 신념을 이용하지 못할 이유가 어디 있을까. 우리의 꿈을 실현시키려면 이 정도의 긍정적인 신념과 믿음이 필요하지 않을까.

2
지치지 않게 해주는 '열정'

인생이 주는 최고의 상은 할 만한 가치가 있는 일에서 온 힘을
다할 기회다.

- 시어도어 루즈벨트(미국 제26대 대통령)

열심히 하는 사람을 이기는 사람은 어떤 사람일까?

어떤 사냥꾼이 사냥개 한 마리를 데리고 사냥을 하고 있었다. 눈
앞의 토끼를 향해 총을 겨누어 토끼의 뒷다리를 맞추었다. 놀란 토
끼는 한쪽 다리에 총알이 박힌 채로 도망갔다. 사냥꾼은 사냥개에
게 그 토끼를 잡아오게 했다. 사냥개는 열심히 토끼 뒤를 쫓았다.

어떻게 되었을까?

사냥개는 토끼를 잡지 못하고 사냥꾼에게로 돌아왔고, 토끼는 무
사히 탈출해서 가족들을 만났다. 토끼 가족들이 물었다.

"아니, 한쪽 다리를 다쳤는데 어떻게 무사히 도망쳤어?"

"사냥개가 너무 열심히 쫓아오는 거야. 그래서 죽기 살기로 뛰었지. 뭐."

그렇다. 열심히 하는 사람을 이기는 사람은 죽기 살기로 덤비는 사람이다. 죽을힘을 다해 뛰는 사람이 최후의 승자가 된다.

이것을 열정이라고 한다.

역시나 너무 식상한 말인지도 모르겠다. 열정이 성공의 키워드라는 것을 알면서도 많은 사람들이 자신의 일에 열정을 바치지는 못한다. 의지력만으로 되는 부분이 아니기 때문이다.

그렇다면 열정은 언제 생기는 것일까?

남이 시키는 일을 할 때 열정이 생길 수 있을까? 이 질문에 대해서는 누구나 아니라고 답한다. 그런데도 많은 사람들이 '남의 목표'를 향해 달린다. '남의 목표'를 향해 달릴 때도 의지력으로 최선을 다할 수는 있다. 하지만 열심히 하는 것, 그뿐이다. 열정은 결코 생기지 않는다. 하지만 '나의 꿈'을 향해 달리는 사람은 다르다. 남이 아닌 내 가슴이 시키는 일을 할 때, 비로소 내 마음 깊숙이 열정이 생긴다.

열정이라는 단어를 떠올리면 생각나는 사람이 있다. 발레리나 강수진이다. 그녀는 매 순간의 삶을 열정으로 살아왔다고 해도 과언이 아니다.

"많은 사람이 자신에게 집중하지 못합니다. 경쟁자를 의식하고 단지 그들보다 더 많은 시간을 연습하는 데 신경을 곤두세워요. 진정 살기 위해 연습한다는 것은 그런 것이 아닙니다. 살기 위해 연습한다는 것은 오로지 나만을 의식하며 연습하는 것입니다. 남의 시선은 중요하지 않아요. 중요한 것은 남이 보기에 18시간 연습한 것처럼 보이는 게 아니라, 스스로 18시간 연습했다는 생각이 드는 것입니다. 나는 살아남기 위해 그런 하루를 매일 매일 반복했습니다."

-『나는 내일을 기다리지 않는다』 중에서

이것이 열정이 아닐까. 남의 시선에 신경 쓰지 않고, 스스로가 만족할 수 있을 만큼 최선을 다하는 것. 물론, 열정을 다할 수 있는 일을 찾았다는 것만으로도 그 사람은 행운아인지도 모른다.

또 다른 예로 자신의 가치관에 맞는 일을 하는 사람들에게서도 열정을 볼 수 있다. 일제 강점기 때 목숨을 바쳐 독립 운동을 했던 사람들이나 민주화 운동에 가담했던 사람들 이야기를 들으면 정말 대단하다는 생각이 든다.

최근 영화 〈암살〉을 보면서 다시 한번 독립운동가들에게 존경을 표하게 되었다. 그들이 목숨을 바치면서 독립운동에 열정을 보일 수 있었던 것은 가치관과 부합하는 가슴이 시키는 일이었기 때문이다. 그러고 보면 우리가 이렇게 편하게 살 수 있는 것도 누군가의 열정 덕분이다.

하지만 마음먹는다고 내 의지대로 열정을 만들어 낼 수는 없다.

"넌 왜 열심히 하지 않니?"라고 잔소리할 수는 있지만, "넌 왜 열정이 없어!"라고 야단칠 수는 없다. 열정은 의지의 문제가 아니기 때문이다.

외적동기와 내적동기

어떤 일을 마쳤을 때 우리는 두 가지 방식으로 보상을 받는다.

여러분은 시험공부를 왜 하는가?

부모님의 칭찬을 받고 싶어서, 혹은 부모님의 자랑스러운 자녀가 되고 싶어서, 또는 성적이 좋지 못하면 부모님에게 혼날 것이 걱정이 되어서, 혹은 시험을 잘 보면 갖고 싶었던 물건을 받기로 약속했기 때문에 시험공부를 하는 친구들도 있을 것이다.

이런 것을 외적 동기라고 한다. 주변에서 흔히 있는 일이다. 칭찬이나 선물이라는 당근을 얻기 위해서, 혹은 야단이라는 채찍을 맞지 않기 위해서다.

처음에는 꽤 효과적인 방법이다. 하지만 이런 외적 동기는 오래 지속되지 않는다. 외적 동기는 의지력으로 어떤 일을 하게끔 만들지만, 열정이 생기게 하진 않는다. 그렇다면 우리가 어떤 일에 열정을 갖는 것은 무엇 때문일까?

바로 내적 동기에 의한 보상이다.

풀기 어려웠던 수학 문제를 해결했을 때의 기쁨과 희열감. 알쏭달쏭해서 늘 헷갈리던 개념을 제대로 이해하고 정리했을 때의 뿌듯함. 이렇게 무언가 해냈다는 성취감을 느끼는 것이 내적 보상이다. 내적 보상은 아무런 대가를 바라지 않고 진심으로 어떠한 일을 하고 싶게 만든다. 이것이 바로 열정이다.

정말 수학 자체가 좋아서 문제를 푸는 아이, 매번 넘어지면서도 더 좋은 점프를 구사하고 싶은 마음에 다시 일어서는 피겨 스케이팅 선수는 스스로 만족감을 느끼는 내적 동기에 의해 보상받는다. 그들이 힘든 시간을 이겨낼 수 있는 이유는 만족감이 보상해주기 때문이다. 그리고 그들은 행복을 느낀다.

내적 보상의 효과는 아주 좋다. 하지만 초보자가 성취감을 느끼기는 쉽지 않다. 그래서 외적 보상에 기댄 의지력으로 버틴다. 하지만 이 과정에는 스트레스가 따라다닌다.

내적 동기에 의한 열정을 불러일으키는 방법은 작은 성공 경험을 많이 하는 것이다. 여러 분야에서 작은 목표를 세우고 성공의 경험을 쌓다보면 특히 더 큰 만족감을 느끼는 분야가 있다. 처음에는 그런 느낌을 받기 어렵다. 내적 성취감은 잘하는 분야에서 더 크게 다가오기 때문이다. 하지만 경험이 쌓이다보면 아무런 외적 보상이 없어도 하고 싶은 일이 생긴다. 그리고 열정이 따라온다.

생각해보자.
지금 내가 하고자 하는 일은 나에게 어떤 보상을 주는가?
그 일을 하는 순간, 다른 모든 것을 잊고 몰두할 정도로 행복한가?
월급이 적다고 하소연을 하는 사람이 있다. "내가 이 돈 받고 이 일을 해야 해?" 이 사람에게 돌아오는 보상은 '돈'이다. 완벽한 외적 보상이다. 학창 시절에는 보통 '성적'과 부모님의 '칭찬'이라는 외적 보상에 의해 움직인다. 성인이 되어 사회에 나가면 '돈'이라는 외적 보상에 의해 움직인다. 어떤 외적 보상이든 의지력이 필요하고 스트레스가 따른다. 물론, 살아가는데 돈은 중요하다. 하지만 돈이 우리 삶을 지배하도록 두는 것은 어딘가 서글프다.

김연아 선수가 30억을 기부했다고 한다. 재벌가보다 스포츠 선수들의 기부문화가 더 활성화된 것 같다. 그 이유는 무엇일까.

그들은 외적 보상을 기대하고 뛰지 않기 때문이다. 그들의 노력은 이미 스스로에 대한 만족감과 성취감으로 보상받았다. 메달이나 돈은 따라오는 부속품일 뿐이었다. 자신의 일에 대한 열정이 있었기 때문에 최고의 자리에 오르고도 또 다시 도전할 수 있는 것이다.

피겨의 여왕 김연아, 신체적으로 좋은 조건이 아님에도 유럽 축구까지 거머쥔 박지성, 세계적인 발레리나 강수진, 아름다운 도전을 보여준 장미란. 그들이 그 자리에 오를 수 있었던 것은 메달을 꿈꿨기 때문이 아니다. 메달이라는 외적 보상은 그들이 꿈을 향해 달리는 도중에 얻은 하나의 선물에 불과하다. 그들은 자신의 분야에 대한 열정이 있었다. 그 자체가 좋았을 뿐이다. 그렇다고 그들이 훈련하는 내내 행복했을까? 수십 년간 매일 하루에 15시간이 넘는 훈련을 하면서 그들은 계속 즐거웠을까?

아니다. 그들도 사람이다. 힘들고 어렵고 난간에 부딪히지만, 그래도 점프를 성공했을 때의 기쁨, 정확한 킥을 성공했을 때의 희열,

한계를 넘는 덤벨을 들어 올렸을 때의 만족감이 그들을 매일 같이 움직이게 만들었다.

우리가 오해해서는 안 되는 점이 하나 있다. 내가 정말 좋아하는 일을 하면, 힘든 순간이 없을 것이라는 착각이다. 아무리 좋아하는 일, 즐거운 일, 적성에 맞는 일을 하더라도 난관에 부딪히는 순간이 온다. 하지만 우리 안의 '열정'은 그 난관을 이겨낼 수 있는 힘과 지혜를 준다. 그 난관을 '도전의 장'으로 생각하느냐, '스트레스'로 생각하느냐는 열정의 차이고, 어떤 보상을 받느냐의 차이다.

전자라면 그 일에 자신의 인생을 맡겨도 된다. 하지만 후자라면, 그 일은 가슴이 시키는 일이 아니다.

한 분야에 한 때 미친 듯이 빠졌다가 금세 다른 분야로 관심이 돌아설 수도 있다. 괜찮다. 그렇게 이곳저곳을 넘나들면서 자신이 진짜 좋아하는 것이 무엇인지 찾아가는 그 과정 또한 우리의 인생이다. 시간이 걸려도 괜찮다. 아무런 성과 없이 다른 곳으로 관심을 옮겼다고 해서 그동안의 시간을 아깝다고 생각하거나, 가치 없는 일을 했다고 비하하지 말자. 조금 돌아가도 괜찮다. 지나온 길 모두 자신만의 내공이 된다.

열정이라는 것은 어느 날 갑자기 하늘에서 뚝 하고 떨어지는 게 아니다. 계속해서 도전하고 지속적으로 나를 관찰할 때 비로소 내면에서 조금씩 조금씩 열정의 싹이 튼다. 싹이 빨리 자라지 않더라도 안절부절못하지 말고, 느긋이 자신을 지켜봐주길 바란다.

3
재능을 계발시켜주는 '몰입'

고등학교 때였다.

다른 누구의 도움도 없이 독학으로 물리 공부를 하고 있었다.

공부하던 중 한 부분이 도무지 이해가 되지 않았다. 그 부분 때문에 야자시간을 통째로 잡아먹고도 부족해, 며칠 동안 고민했다.

결국은 내버려두기로 했다. '때가 되면 이해되겠지'라는 생각으로 일단 넘어갔다.

몇 주가 지났던 것 같다. 아침에 자고 일어났는데, 침대에서 빠져나오기도 전에 무언가가 파노라마처럼 머릿속을 스쳐지나갔다.

그 문제였다. 며칠을 고민했던 그 문제가 갑자기 머릿속에서 이해되고 있었다. 잊고 있었던 문제의 해답이 갑자기 떠올랐던 것이다.

놀라운 경험이었다. 그때, 어떻게 공부해야 되는지 어렴풋이 깨달았던 것 같다. 말로 표현하진 못했지만, 뇌의 어떤 부분이 나도 모르게 계속해서 그 문제를 풀고 있었다고 생각했다.

15년이 지난 지금 생각해보면, 그때 나의 경험은 '몰입'의 효과였다. 몰입이란 잡념이 없고 한 가지 주제에 온전히 정신을 집중하는 것을 말한다. 어딘가에 푹 빠져서 헤어 나오지 못할 정도의 집중력이라고 보면 된다.

뛰어난 집중력이 높은 성과를 가져온다는 사실은 더 말할 필요도 없다. 내가 경험했던 몰입을 통해 말하고 싶은 것은, 집중 상태가 무의식의 영역을 자극한다는 것이다. 앞에서도 무의식의 중요성에 대해 말했다. 무의식에게 '이 문제가 중요한 것'이라는 인식을 심어주는 다른 방법이 바로 몰입이다. 몰입 상태에서 고민하던 문제는 무의식에 각인되어, 내가 그 문제를 생각하지 않을 때도 뇌는 계속해서 작동한다. 그리고 그 문제를 해결하기 위해 뇌의 모든 부분이 총동원된다.

깊이 고민하던 문제가 도저히 해결되지 않아 내버려두었는데, 어느 날 불쑥 해결책이 떠오른 경험이 있을 것이다. 그것이 바로 무의식의 답이다.

위대한 업적을 남긴 과학자들은 자신의 자서전에서 생각하는 힘을 강조하는데, 이는 단순한 생각이 아니라 먹고 자는 것도 잊을 만큼의 깊은 몰입을 말한다. 뉴턴은 어떻게 만유인력 법칙을 발견했느냐는 질문에 하루 종일 그 생각만 했다고 답했다. 아인슈타인도 마찬가지다. 그들의 업적은 천재적인 두뇌에서 온 것이 아니라 몰입하는 능력에서 나왔다고 볼 수 있다. 그렇다면 몰입은 이성적인 사고를 하는 과학자나 수학자에게만 필요할까?

오스트리아의 피아니스트 파울 비트겐슈타인은 제 1차 세계대전에 참전 중 부상으로 오른팔을 잃게 된다. 그 후 오스트리아가 패배하면서 수용소에 갇히게 된 그는 나무판자에 그려 넣은 건반을 한 손으로 연습하면서 왼손 피아니스트가 되기로 다짐했다.

- 『비트겐슈타인 가문』 중에서

많은 예술가들이 몰입을 통해 작품에 대한 영감을 얻고 위대한 걸작을 남겼다.

타워팰리스 사람들의 입맛을 정복한 김영모 제과점의 CEO 김영모는 밥 한 끼 해결하기 어려운 환경에서 빵을 배웠다. 17세에 시작한 제빵의 길에서 어느 정도 성공할 무렵, 입영통지서가 날아왔다. 기능인에게 군대는 치명적이다. 그는 밀가루도 오븐도 없는 군대에서 혼자만의 제과실습을 했다. 책을 도마 삼아, 행주나 걸레를 밀가루 삼아, 볼펜을 버터크림 주머니 삼아 상상만으로 제빵 연습을 했다. 그는 상상만으로 제빵 실습에 완전히 몰입했다. 그가 제대했을 때, 그의 재능은 전혀 녹슬지 않았으며 오히려 이전보다 더 뛰어남을 보였다.

- 『빵 굽는 CEO』 중에서

과연 이렇게 생각만으로 기능적인 영역까지 능력을 발휘하는 것이 가능할까?

베트남 전쟁에 참전했다가 포로가 되어 7년간 독방에 갇혔던 제임스 네스멧 소령의 이야기를 들어보자. 그는 7년간 다른 사람을 만나는 것도, 몸을 잠시 움직이는 것도 허용되지 않는 좁은 독방에서 지냈다. 남들이 보기엔 아무 것도 할 수 없는 공간에서, 그는 상상 골프를 쳤다고 한다. 파란 하늘과 푸른 잔디가 갖추어진 골프장을 생생하게 그리고 그 위에서 매일 골프를 치는 상상을 했다. 7년 후, 진짜 골프채를 잡았을 때 그의 골프 실력은 놀랄 정도로 향상되어 있었다고 한다.

이것이 생각의 힘이다. 뇌에서 상상하는 것만으로도 근육을 움직여 연습하는 효과를 볼 수 있다.

사고력이 중요한 과학자나 수학자와 같은 학자뿐만 아니라 예술가나 운동선수, 기능인에게도 몰입은 재능을 계발하는 중요한 영역이다.

그런데, 몰입은 말처럼 그리 쉬운 것이 아니다. 어떤 책에서는 정말 쉽게 말한다. 18시간 동안 몰입하는 것이 공부이고, 성공법칙이라고 한다. 몰라서 못하는 게 아니다. 알지만 힘들다. 그리고 그렇게 하고 싶은데 잘 안 된다. 인위적으로 집중하기 위해서는 강한 의지가 필요하다. 하지만 하루에 18시간씩 특정한 일에 몰입하는 것이 과연 의지만으로 가능한 영역일까?

하루에 18시간씩 매일같이 공부하는 것은 웬만한 모범생에게도 힘든 일이다. 그렇다면 평범한 사람은 몰입을 경험하기 힘들까?

18시간동안 공부를 해본 경험은 없을지라도, 대부분 일상생활에서 몰입을 경험하고 있다. 시간이 중요한 것이 아니다. 짧은 시간이라도 얼마나 몰입할 수 있느냐가 중요한 것이다.

게임을 할 때를 생각해보자. 식음을 전폐하고 잠자는 시간마저도 줄여가며 몰입할 수 있다. 배고픔을 잊고, 졸음도 잊는다. 그래도 즐겁다. 누가 나를 부르는 것이 들리지도 않을뿐더러 여자친구의 전화도 반갑지 않다.

이것이 몰입이다. 다만 게임은 공부보다 몰입하기에 더 좋은 조건을 갖추고 있을 뿐이다. 그래서 공부보다는 몰입이 쉽다.

나는 학창시절에 체육을 싫어했다. 여학교였기에 운동장은 거의 비어있었다. 그런데 교사가 되고 남학교에서 근무하다보니, 신기한 모습을 보게 되었다. 아이들은 쉬는 시간 10분도 아까워서 운동장으로 뛰어 나갔다. 남학생이라면 공감할 것이다. 축구시합을 하는 시간에 그들은 축구공 외에는 아무것도 보이지도, 들리지도 않는다.

이것도 몰입이다. 스포츠를 즐길 때, 대부분 다른 모든 일을 잊는다. 그래서 운동 중독이라는 말이 있다. 아무리 힘든 일이 있어도 일부러 땀을 내며 뛰는 이유는 그 순간만큼은 다른 모든 것을 잊을 수 있기 때문이다.

이처럼 몰입의 위력에 대해서 알려주는 예는 많다.

그렇다면 몰입에는 어떤 긍정적인 효과가 있을까.

먼저, 몰입을 통해 나의 능력을 최대한으로 끌어올릴 수 있다. 초원의 동물들은 생명이 위급한 순간, 초인적인 힘을 발휘하여 달린다. 위기의 순간, 온 몸의 신경이 자극되는데, 이것이 몰입의 효과이다.

물리나 수학 공부 때문에 힘들어하면서 찾아오는 학생들이 많다. 대체로 타고난 수학적 사고력이 없다든지, 머리가 나빠서 못한다고 생각한다. 공부하기 힘든 과목인 것은 분명하다. 하지만 머리가 나빠서가 아니라, 공부방법이 잘못되었기 때문이다.

지찬이는 성적은 꽤 상위권이었지만, 수학 때문에 고민이 많았다. 제일 먼저 지적해주었던 것은 해답지를 보는 습관이었다. 모르는 문제가 생겼을 때, 빨리 이 문제를 해결하고 넘어가야 더 많은 문제를 풀 수 있다는 생각에 사로잡혀 해답지를 보며 이해하고 넘어가는 것은 가장 최악의 공부법이다. 선생님이나 친구에게 물어, 설명을 듣는 것도 마찬가지다.

지찬이에게는 마음의 여유가 필요했다. 시간이 걸리더라도 다른 도움 없이 스스로 해결하려고 생각하는 것이 진짜 공부법임을 알려주었다.

한번 풀어본 문제를 잘 푸는 것은 사고력 향상에 전혀 도움이 되지 않는다. 배운 것만 잘 풀면 시험 문제가 갑자기 어렵게 나왔을 때 전혀 손을 쓸 수 없다. 새로운 유형의 문제를 해결하려고 노력할 때

사고력이 향상된다. 물론 쉽게 풀리지는 않는다. 하지만 끊임없이 생각하다보면 그 문제에 몰입하게 되고 이때 뇌가 활발하게 가동된다. 많은 문제를 푸는 것보다 한 문제를 오래 생각하는 것이 더 좋은 공부법이다.

과연 효과가 있었을까?

자율학습시간에 반신반의하는 지찬이를 불렀다. 물리 시간에 배운 내용 중 관성에 관한 부분을 이해하고 있는지 내용을 확인한 후, 한 번도 보지 못했던 문제를 주었다. 과학고에서는 다루지만 일반고에서는 전혀 다루지 않는 문제였다. 생각만 약간 바꾸면 풀 수 있는 문제였지만, 지찬이의 실력으로는 사고의 전환이 쉽지 않을 것 같았다. 20분 정도가 흐른 후 내심 살짝 갈등했다. '약간의 힌트를 줘야하나?'

잠시 고민하는 사이에 지찬이는 자신 있는 표정으로 풀이를 설명했다. 아주 논리정연하게 답을 찾아냈다. 나는 속으로 쾌재를 불렀다.

다시 더 어려운 문제를 주었다. 시간은 걸렸지만 지찬이는 곧잘 해결했다. 문제를 다 풀고 난 뒤 사실은 이 문제가 경시대회 문제라는 것을 알려주었더니, 지찬이도 놀라는 눈치였다.

지찬이의 물리 성적은 5등급이었다. 평소에 일반 문제집도 어려워하던 지찬이가 어떻게 경시대회 문제까지 풀 수 있었을까?

해답지도, 가르쳐줄 사람도 없는 상황에서 그 문제에만 집중하여 몰입 상태에 빠졌기 때문이다.

몰입 상태에서는 무의식까지 뇌의 모든 영역이 문제 해결을 위해 협동한다. 생명이 위험하다고 느끼면 우리 몸의 모든 세포 하나하나가 반응하듯, 몰입상태에서는 우리 뇌의 모든 부분은 한 문제에 집중하게 된다. 내가 가진 능력을 최대한 발휘할 수 있으며, 이 과정에서는 사고력도 향상된다.

두 번째로 몰입을 통해 행복감과 자신감을 느낄 수 있다. 『몰입』의 저자 황농문 교수는 몰입에 들어가면 뇌에서 도파민이라는 신경 물질이 분비된다고 한다. 도파민은 뇌를 각성시켜 집중과 주의를 유도하고 쾌감을 일으키는 신경 전달 물질이다. 또한 삶의 의욕이 솟아나고 창조성이 발휘된다.

중요한 것은 이 도파민이 쾌락에 관여한다는 사실이다. 운동을 하거나 사랑에 빠질 때, 맛있는 음식을 먹을 때 도파민이 분비되어 즐거움을 느끼게 된다. 이때의 즐거움은 일시적이다. 맛있는 음식이 주는 행복감도 그 순간뿐이다. 하지만 몰입 상태에서는 많은 양의 도파민이 분비되어 지속적인 행복

을 느낄 수 있다.

몰입이 주는 행복감은 엄밀히 말하면 몰입이 끝난 뒤에 주로 맛볼 수 있다. 몰입이 끝난 뒤에 몰려오는 만족감과 기대감이 행복을 느끼게 한다. 그래서 몰입의 즐거움을 한 번 맛본 사람은 몰입의 즐거움에 다시 쉽게 빠진다.

영화 〈하늘을 걷는 남자〉의 주인공은 110층에 달하는 뉴욕의 쌍둥이 빌딩 옥상에서 줄을 탄다. 일반인이 보기에는 미쳤다는 소리가 절로 나올 만큼 아찔한 고공 줄타기다. 하지만 그가 목숨을 걸고 도전하는 이유는 줄타기를 하는 순간 아주 깊이 몰입할 수 있기 때문이다. 이것이 몰입으로부터 오는 쾌감이다.

세 번째 장점은 자긍심이 높아지고 긍정적인 삶의 자세가 생긴다는 것이다.

미하이 칙센트미하이의 『몰입의 즐거움』에 나오는 실험을 보자.

청소년 200명을 두 집단으로 나누어 실험을 했다. 그룹 A는 내재적 동기가 강한 집단이고 그룹 B는 내재적 동기가 약한 집단이다. 내재적 동기가 강한 집단이 몰입 정도가 높다. 이들이 공부, 취미, 운동, TV시청에 보내는 시간을 조사했는데, 그룹 A가 공부, 취미, 운동의 영역에서 그룹 B보다 더 많은 시간을 보냈다. 그룹 B는 TV 시청시간에서만 그룹 A에 비해 2배나 높게 나타났다. 몰입 정도가 약한 청소년들이 수동적인 여가나 오락에 더 많은 시간을 보낸다는 것이다. 그렇다면 그들의 경험의 질은 어떻게 다를까? 일과 여가시간 모두에서 몰입 정도가 강한 그룹 A는 그룹 B에 비해 집중력, 즐거움, 행복감, 자부심, 미래의식이 높았다. 몰입을 통해서 자긍심이 높아지고 전반적으로 미래에 대해 긍정적인 자세를 가지게 됨을 알 수 있다.

하지만 모든 몰입이 긍정적인 효과를 주는 것은 아니다.

단적인 예로, 게임을 들어보자. 앞에서 게임은 몰입 정도가 아주 높다고 했다. 그렇다면 좋은 것 아닐까?

어른들이 게임을 부정적으로 보는 것은 단지 공부할 시간을 뺏는다는 이유 때문만은 아니다.

뇌에는 전두엽이라는 부분이 있다. 전두엽은 뇌의 앞쪽에 위치하며 생각을 담당한다. 전두엽이 망가지면 이성적인 사고 능력을 잃게 된다. 치매환자들 중에서도 전두엽이 발달한 경우는 다른 기억은 하지 못하더라도 자기 자신을 잊어서 가족을 고생시키는 일은 없다고 한다. 전두엽이 그만큼 중요한 곳이다. 어쩌면 인간을 인간답게 만드는 곳이라고 해도 과언이 아니다.

전두엽은 생각하는 연습을 통해 발달한다. 때문에 아무런 생각 없이 키보드 조작만 하면 되는 게임은 전두엽을 망가뜨리는 주범이 된다. 어릴 때부터 게임을 많이 한 친구들이 참을성을 잃고 즉흥적이며 폭력적으로 변하는 이유는 전두엽이 제 기능을 잃었기 때문이다.

조금 덧붙이자면, TV도 게임과 비슷한 역할을 한다. TV 방송은 생각하고 판단할 시간을 주지 않고, 계속해서 이야기를 이어나간다. 같은 뉴스를 보더라도 TV와 달리 신문은 읽으면서 계속 생각을 하게 된다. 이왕이면 TV 뉴스보다 신문이 좋다는 말이다.

그렇다면 운동은 어떨까? 많은 운동선수들은 운동을 할 때 깊은 몰입 상태에 빠진다. 그들은 하루에 18시간씩 몰입한 상태로 연습을 한다. 몰입 연구의 전문가인 미하이 칙센트미하이는 아무리 타고난 재능이 있다하더라도 집중하는 법을 배우지 못하면 성숙한 지능으로 발전하기 어렵다고 본다. 재능 계발에 있어서 집중력이 중요하다는 의미다. 대부분의 운동선수들은 몰입을 통해 재능을 계발시켰다. 하지만 일반인에게는 운동을 오랜 시간 지속할 수 없다는 단점이 있다.

이렇듯 게임이나 운동은 몰입하기 쉽지만, 긍정적인 면보다 부작용이 더 크다.

그렇다면 어떻게 긍정적인 방향으로 몰입 능력을 키울 수 있을까?

세임은 몰입하기 정말 쉽다. 보상이 즉석에서 주어지기 때문이다. 공부가 힘든 이유는 그 성과가 한참 뒤에 나타난다는 데에 있다. 장기적인 목표일수록 몰입하기 어렵다. 대신 장기적인 목표를 잘 이루는 사람은 몰입 능력이 높은 사람으로 더 큰 성공을 이룰 수 있다. 이를 이용하자. 몰입을 잘하기 위해 목표를 잘게 쪼개는 것이다. 성취를 바로바로 확인할 수 있도록 하기 위해서다. 가령 공부할 때 매일매일 성취를 확인할 수 있는 목표를 세우거나, 스스로를 테스트하면 몰입도가 높아진다. 한 단원을 다 공부하고 문제를 푸는 것보다 작은 단원을 공부한 뒤 문제를 푸는 것이 몰입하기 쉽다는 의미다. 여러 문제를 다 풀고 채점하는 것보다 한 문제씩 채점하는 것이 몰입이 쉽다.

다시 게임으로 돌아가 보자. 잘 생각해보면 모든 게임의 몰입도가 높진 않다. 너무 쉬운 게임이나 너무 어려운 게임의 경우 몰입이 덜하다. 너무 쉬우면 재미가 없고, 너무 어려우면 포기하기 쉽기 때문이다. 다른 분야도 마찬가지다. 내 수준보다 난이도가 약간 더 높을 때, 가장 쉽게 몰입할 수 있다. 그렇다면 내 수준을 잘 파악하는 것이 중요하다. 가령 지금 수학 성적이 30점인데, 다음 시험 목표를 100점으로 잡는다면 몰입보다 포기할 확률이 더 크다. 또한, 가장 좋은 교재는 내가 70~80% 정도 이해할 수 있는 책이다. 지금 내 능력보다 조금 더 성취하겠다는 마음으로 단기 목표를 세워보자.

마지막으로 몰입하기 쉬운 과제는 당연히 자신이 가장 좋아하는 일이다. 이 책에서 계속 강조해온 말이지만, 자기가 좋아하는 일을 찾는 것은 몰입에 있어서도 매우 중요한 요건이다.

몰입의 긍정적인 효과를 이용하여 우리 재능을 최대로 발휘해보자.

4
한계를 뛰어넘는 '도전'

'도전'이란 새로운 일이나 어려운 일에 시도함을 뜻한다. 막연하게 써온 말이지만 구체적인 이미지가 떠오르지 않는 아주 추상적인 개념이다. 여기서는 '포기'의 반대 의미로 '도전'의 뜻을 세워보려고 한다. 나는 도전하는 사람인가? 3가지 경우에 대해 생각해보자.

첫 번째는 'No'라는 말을 어떻게 받아들이는가 하는 것이다. 두 번째는 '실패'를 받아들이는 자세이다. 세 번째는 '불가능'에 대한 태도이다.

#1

다음은 나폴레옹 힐의 『나의 꿈 나의 인생』에 나오는 일화이다.

어느 날 오후, 더비가 숙부를 도와 낡은 맷돌로 밀을 빻고 있었다.

그의 숙부는 흑인 소작인을 거느린 대농장의 경영자였다. 조용히 방앗간 문이 열리더니 흑인 소작인의 어린 딸이 들어왔다.

"무슨 일이냐?"

그 소녀는 귀여운 목소리로 대답했다.

"엄마가 50센트를 받아 오라고 하셨어요."

"안 돼! 돌아가."

"네."

소녀는 고분고분하게 대답했지만, 한 발자국도 움직이려고 하지 않았다.

한참 후 숙부가 다시 고개를 들었을 때, 소녀는 그 자리에 그대로 있었다.

"돌아가라고 했는데 뭘 하는 거야? 빨리 돌아가지 않으면 혼내 줄 테다."

소녀는 다시 공손하게 말했다.

"네."

그러나 역시 꼼짝도 하지 않았다.

숙부는 옆에 있던 저울대를 집어 들고 험악한 얼굴로 소녀에게 다가갔다.

그 때 소녀는 더 또렷한 목소리로 말했다.

"어쨌든 엄마는 50센트가 필요해요."

결국 숙부는 소녀에게 50센트를 주었다.

우리는 일상에서 "No"라는 말을 많이 듣는다. 가깝게는 집에서, 학교에서도 자주 듣는 말이다. 상황에 따라 우리가 취할 수 있는 태도 역시 달라진다. 하지만, 자신이 정말로 원하는 일이면서도, "No"라는 한마디에 단번에 후퇴하지는 않는가? 상대가 조금 만만하면 다시 한 번 이야기해본다. 하지만 나보다 권위를 가진 사람이라든가, 친하지 않은 사람이라면? 위 일화의 소작인의 딸처럼 당당하게 다시 요구할 수 있을까?

나는 정말 하고 싶은 꿈이 있는데, 부모님이 나의 꿈에 대해 반대한다고 불평하는 친구들이 꽤 많다. 내가 정말로 하고 싶은 일인데 부모님의 "No"라는 한마디에 포기했다고 하자. 내 꿈을 짓밟았다며, 부모님을 탓할 수 있을까? '포기'라는 선택은 결국 내가 한 것인데 말이다.

여러분은 "No"라는 거절을 어떻게 받아들이는가?

한 여자가 이혼 후 싱글맘이 되어 우울증으로 자살을 시도할 만큼 생활고를 겪었다. 그녀는 국가의 생활보조금으로 하루하루를 연명하면서 책을 집필했다. 출판을 위해 여러 출판사를 전전했지만, 하나같이 "No"라고 거절당했다.

어려운 생활 속에 힘들게 집필한 원고를 매번 거절당했을 때, 그녀의 기분은 어땠을까? 자신감을 잃고 포기하고 싶지 않았을까.

하지만 마침내 그녀의 원고를 받아들인 작은 출판사가 있었고, 포기하지 않았던 그녀의 책이 세상에 나오게 되었다. 현재 영국 여왕보다 부자가 된 그녀는 『해리포터』 시리즈의 작가 J.K 롤링이다.

박지성 선수는 어릴 때부터 키가 작고 왜소했다. 심지어 그는 평발이다. 평발인 사람은 오래 뛰기 어렵기 때문에 심한 경우 군대도 면제된다. 하물며 운동선수에게는 어떨까. 고등학교 졸업을 앞두고 어느 곳에서도 그를 원하는 팀이 없었다. 감독들은 그가 체격 때문에 축구선수로 성공하기 어려울 거라고 생각했다. 계속되는 "No"라는 답변을 받았다. 하지만 그는 세계에서도 인정받는 대한민국 최고의 축구선수가 되었다.

"No"라는 말을 들었을 때, 다시 도전할 것인지 포기할 것인지의 선택은 여러분의 몫이다.

#2

지연이는 중간고사를 대비해서 매일 밤늦게까지 열심히 공부했다. 여태까지 제대로 공부를 하지 않아서 성적이 좋지 않았지만, 자신도 시작하기만 하면 잘할 수 있다고 믿었다. 선생님은 긍정적인 생각이 중요하다고 하셨다. 최선을 다하면 할 수 있다니 자신감도 생겼다.

그런데, 기대보다 성적이 좋지 않았다. '역시 난 공부에는 소질이 없나보다. 여태 놀면서도 70점은 받았는데, 이렇게 열심히 공부해도 80점이라니. 차라리 안 하는 게 낫겠다.'

공부한 노력에 비해 시험 성적이 좋지 않았을 때, 흔히 두 가지 반응으로 나뉜다.

1)지연이처럼 '난 역시 공부에는 소질이 없어'라고 포기하는 사람

2)'이 방법이 아닌가보네. 다음에는 다른 방법으로 공부해야지'라며 하나의 시행착오로 받아들이는 사람.

여러분은 어느 쪽인가?

나폴레옹 힐은 『나의 꿈 나의 인생』에서 계획에 실패하면 다시 새로운 계획을 세우는 것을 도전이라고 말한다.

> 계획했던 일이 실패했다고 해서 그 일 자체가 잘못된 것이 아니다. 단지 계획이 잘못되었던 것이고 방법이 서툴렀을 뿐이다. 다른 방법으로 새롭게 시작하면 된다. 중간에 단념하지 않는 한 누구에게도 실패는 없다.
>
> - 『나의 꿈 나의 인생』 중에서

여러분은 '실패'를 어떻게 받아들이는가?

다시 지연이의 사연으로 돌아가 보자. 성적이 좋지 않았다는 것은 실패를 의미하지 않는다. 내 머리가 나빠서도 아니고, 노력이 부족해서도 아니다. 단지 방법과 계획이 잘못되었을 뿐이다. 다음 시험에서는 다른 방법으로 새롭게 계획하면 된다.

그래도 성적이 좋지 않다면?

또 다시 새로운 공부법을 계획하면 된다. 여기서 한 가지 꼭 알았으면 하는 사실이 있다. 고등학교 공부는 머리가 좋고 나쁨과는 절대로 무관하다. 정말이다.

에디슨의 실패담을 많이 들어봤을 것이다. 9,999번의 실패를 하고 전구를 만든 에디슨은 자신의 실패를 실패라고 말하지 않았다. 9,999번의 안 되는 방법을 찾았다고 말했다. 우리는 남의 실패에는 관대하지만, 정작 자신의 실패에 대해서는 그렇지 못하고 두려워한다. 그 두려움은 우리가 앞으로 성큼 나아가는 것을 막는다.

실패를 실패로 받아들일 것인지, 계획을 수정해야 하는 과정으로 받아들일 것인지는 여러분의 선택이다.

마지막으로 불가능에 대해 생각해보자.
우리가 성공하지 못하는 이유는 단 하나라고 한다.
바로 불가능하다는 말을 너무나도 쉽게 한다는 것이다.

다음은 나폴레옹 힐의 『나의 꿈 나의 인생』에 나오는 일화이다.

옛날 어느 위대한 장군이 전쟁터에서 중대한 결단을 내려야 할 시점에 몰렸다. 1천 명 남짓한 병사를 거느리고 1만 명이 넘는 적군이

기다리는 적진 한가운데로 쳐들어가지 않으면 안 될 상황이었다.

장군은 병사들을 각 선박에 나누어 태운 뒤 조용히 적국으로 숨어들어가서는 군사, 무기, 탄약을 모두 배에서 하선했다.

그리고 모든 배를 불살라 버리라고 명령했다.

장군은 붉게 타오르는 배들을 가리키며 말했다.

"제군들, 지금 우리의 배는 화염에 싸여 불타고 있다. 우리에게는 도망갈 배조차 없다. 그러므로 싸워서 이기는 것 외에는 살아서 돌아갈 길이 없다. 승리가 아니면 전멸이 있을 뿐이다."

그는 승리를 얻기 위해 퇴각을 위한 모든 수단을 끊어 버렸다. 그리고 그 싸움에서 이겼다.

스스로 의식하지 못하지만, 우리는 생활 속에서 퇴각의 길을 만들어 놓는 경우가 훨씬 많다. 만약을 위한 보험이라고 말한다. 대학에 합격하고 재수할 때는 자퇴가 아닌 휴학을 한다. 직장에 들어갈 때도, 이 회사에 떨어지면 다른 회사에 다닐 수 있도록 차선책을 마련해놓는다.

나는 고등학교 때 내 성적에 대해 꽤 관대했다. 성적이 조금 떨어진다고 해서 죽진 않는다고 생각했기 때문이다. 그냥 성적에 맞춰 대학에 가면 그만이라는 생각에 열정도 싹트지 않았다.

하지만 취업을 앞둔 상황에서는 달랐다. 교사가 되기 위해 임용고시를 쳐야하는데, 이때는 등수가 중요한 게 아니었다. 등수가 조금 밀린다고 덜 좋은 학교에 가면 되는 상황이 아니라, "합격 아니면 불

합격" 딱 두 가지 길뿐이었다.

"죽기 아니면 살기"

마음 한 구석에 '떨어지면 다른 일을 하자.' 또는 '내년에 다시 하면 되지.'라는 퇴각의 길이 있었다면 나는 절대 단번에 합격할 수 없었을 거라 생각한다.

진심으로 자신을 믿지 않으면 우리 뇌는 알아차린다. 후퇴하지 않는 단호함과 고집도 도전 정신이다.

카카오톡을 모르는 10대는 없을 거라 본다. 혹시 유니텔, 한게임도 아는지 모르겠다.

PC통신에서 성공한 유니텔, 새로운 인터넷 세상을 연 한게임, 모바일 시장을 장악한 카카오톡. 모두 김범수라는 한 사람이 만들었다.

내가 중학교에 다닐 무렵, 인터넷이라는 세상은 없었다. 당시에는 전화선을 이용한 PC통신이라는 것이 나왔는데, 나도 여기에 열광했다. 이미 회원 수를 확보하고 있던 하이텔, 천리안, 나우누리에 이어 삼성에서 개발한 것이 유니텔이다. 내 기억으로 파란 바탕에 흰색 글씨만 있었던 다른 PC통신에 비해 유니텔은 아이콘으로 승부를 냈던 것 같다.

김범수는 삼성 SDS에서 유니텔을 만들고 어느 정도 성공 반열에 올려놓았다. 대기업에 입사하자마자 프로젝트를 성공시켜 능력을 인정받았고, 막 결혼해서 아들을 낳아 가정을 꾸리게 되었다. 여러분이 김범수라면 과연 삼성을 퇴사할 수 있었을까. 하지만 그는 회사 안에서 자신이 하고 싶은 일을 하는 것은 힘들다고 판단하고 사표를 냈다. 그렇다고 그가 재벌 2세였던 것도 아니다. 단칸방에 살며 바닥부터 빈손으로 다시 시작했다.

그에게는 "전 세계 사람들이 온라인에서 즐겁게 지내는 세상을 만들겠다."는 야심찬 그만의 꿈의 why가 있었다. 그리고 인터넷이 새로운 세상을 열 것이라는 생각으로 만든 것이 바로 한게임이다.

지금은 게임을 제공하는 사이트가 아주 많지만, 가장 먼저 선보였던 것이 한게임이었다. 한게임은 2010년 이전 최단 시간에 가장 많은 회원 수를 확보한 서비스였다. 그리고 처음으로 서비스를 유료화했고, 성공을 거두었다. 그 후 한게임은 네이버와 합병을 했다. 그렇게 승승장구하던 시절, 김범수는 또 다시 새로운 결심을 한 것이다. 비워야 채울 수 있다는 생각에 또 다시 모든 것을 내려놓았다. 그는 바닥에서 새로운 고민에 빠졌다.

'인터넷 다음은 모바일이야.' 그렇게 만든 것이 카카오톡이다. 성공 여부에 대한 판단은 여러분에게 맡기겠다.

－『어제를 버려라』 참고

한 사람이 현실에 안주하지 않고, 무에서 유를 창조하는 도전을 계속한 덕분에 카카오톡이 나왔다. 물론, 그 바탕에는 그가 자신이 좋아하는 일이 무엇인지 분명하게 알고 있었다는 점이 크게 작용하였다. 대학을 졸업하고 취업을 할 때, 단 한 가지만 생각했다고 한다. '컴퓨터를 원 없이 쓸 수 있는 회사에 취업하자.'

얼마 전 한 친구가 자신 없는 소리로 말했다. 나는 이러이러한 것을 기획중인데, 아무리 검색해 봐도 그에 관련된 자료가 없다는 것이었다. 내가 뭐라고 했을까?

"그건 최고의 아이템이잖아. 누군가가 걸었던 길을 따라 걷는 건 경쟁자가 많지만, 아무도 하지 않은 일은 경쟁자가 아무도 없단 뜻이잖아."

분명 도전정신 이전에 좋아하는 것에 대한 확실한 믿음이 있어야 한다. 하지만 마음을 굳혔다면, 불가능이란 단어를 떠올리지 말고 퇴보의 길을 만들지 않는 것이 무엇보다 중요하다.

지금 정말 하고 싶은 일이 있다면, 두려움을 갖지 말고 나아가자. 길이 없다면 길을 만들어서 가보자.

5
행복으로 가는 '감사'

행복은 말 한마디에서 시작된다. "감사합니다."

친척 모임이 있었다. 할아버지가 이제 두 돌이 지난 조카에게 용돈을 주셨다. 조카는 냉큼 뛰어가서 돈을 받아왔다. 나는 자연스럽게 말했다.

"감사합니다. 하고 와야지!"

조카는 다시 할아버지에게 가서, "감사합니다."하고 인사를 했다.

우리는 아주 어릴 때부터 "감사합니다."라는 말을 배운다. 가장 먼저 배우는 예의범절이다. "감사합니다"라는 한마디가 왜 그렇게 중요하기에 모든 부모들은 다른 어떤 말보다 먼저 가르치는 것일까. 단지, 우리 아이가 예의바른 아이로 보이길 바라는 마음은 아닐 것이다. 감사할 줄 아는 사람으로 자라길 바라는 마음이 아닐까. 어느 문화권에서도 "감사합니다."라는 말을 가장 먼저 가르치는 것을 보면, 우리 인생에 꽤 중요한 말임은 분명하다.

그런데 정작 우리는 진심으로 감사하며 살고 있을까.

가게에서 물건을 사고 계산을 할 때, 점원에게 "감사합니다."라는 말을 건넨다. 점원도 "감사합니다."라는 말로 답한다.

어릴 때부터 받은 교육 덕분에 "감사합니다."라고 말하는 것이 그렇게 어렵지는 않다. 하지만, 정말 감사하는 마음을 느끼면서 말하는 경우는 얼마나 될까?

우리는 감사의 말이 진심이 아니라, 습관이라는 것을 안다.

식당에서 밥을 먹고 나왔다. 계산하면서 "감사합니다."라고 인사를 하지만, 속으로는 돈을 내고 받은 서비스니까 당연하다고 생각하지 않는가.

이렇게 생각해보면 우리가 진심으로 감사하다는 마음을 느끼는 경우는 손에 꼽힐 정도로 적다는 것을 알 수 있다.

그런데 우리는 어떤 경우에 진심으로 감사하는 마음을 가질까?

친척 어른들에게 용돈을 받았을 때 "감사합니다"라는 말이 절로 나온다. 복권에 당첨되었을 때는 온갖 신에게 감사 인사를 한다. 공부한 것보다 성적이 잘나왔을 때도 '운이 좋았다는 것'에 감사하다. 운 좋게 위험한 사고를 피하게 되었을 때도 역시 감사한 마음이 든다.

비싼 레스토랑에서 조금 마음에 안 드는 서비스를 받았을 때는 불만이 더 크지만, 싼 가게에서 맛있는 밥을 먹고 나왔을 때는 기분 좋게 인사할 수 있다.

우리는 공부한 것보다 성적이 잘나오길 바란다. 하지만 그건 욕심이다. 딱 공부한 만큼 성적이 나오면, 너무 당연한 일이라 생각하기 때문에 만족하지 못한다.

이와 같이 대체로 내게 뭔가 이득이 생겼을 때만 진심으로 감사하는 마음을 느낀다. 그것이 감사의 진정한 의미일까. 이런 감사는 대가를 바라고 좋은 일을 하는 것과 마찬가지다. 안 하는 것보다 낫지만 내 삶에 다른 에너지를 가져다주지 않는다. 진짜 행복은 사소한 것에 감사할 줄 아는 마음에서 나온다.

아침이 되었다. 알람 소리가 몇 번 들리더니, 곧 엄마가 깨운다.

'벌써 아침이야? 피곤해죽겠네.'

대충 씻고 나가려는데, 엄마가 억지로 한 숟가락이라도 먹으라며 밥을 퍼준다.

"먹기 싫어. 시간 없어."

속으로 집에 있는 엄마가 밥을 해주는 걸 당연하다고 생각한다. 엄마는 집에서 편하게 밥하고 청소하고 니면 낮잠을 자거나, 동네 아줌마들이랑 놀면서 나한테는 공부하란 잔소리만 하니 부당하다고 느껴진다.

지각을 겨우 면하고 교실에 헐레벌떡 도착했다. 책가방을 내려놓고 엎드려서 부족한 잠을 보충하고 있는데, 담임선생님이 부르는 소리가 들린다.

'왜 이렇게 참견이지.'

학교 선생님들은 아무것도 하지 않고 돌아다니면서 괜히 잠만 깨우고, 잔소리만 늘어놓는다. 선생님들도 핸드폰을 가지고 다니면서 우리가 핸드폰을 꺼내면 눈을 부라리고 압수하는 것도 이해할 수 없다.

이런 하루를 맞이한다고 생각해보자. 멀리 생각할 것도 없다. 대부분의 일상이다. 아침부터 불평으로 시작된 하루는 하루 종일 불쾌한 기분으로 보내게 된다. 불행은 멀리 있지 않다. 불평 가득한 마음이 불행의 씨앗이다.

행복과 불행은 마음 한 끗 차이다.

주변을 조금만 돌아보면 감사할 일은 정말 많다. 아침에 일어나면 오늘도 새로운 하루가 주어짐에 감사하고, 부모님이 차려주는 음식을 먹을 수 있음에 감사하고, 학교에서 새로운 것을 배울 수 있음에 감사하는 것이 행복을 가져다주는 감사다. 그렇게 감사로 시작한 하루는 불평으로 시작한 하루와는 차원이 다르다.

전문가들은 감사하는 마음을 가진 사람들은 스트레스를 적게 받고 긍정적인 마인드를 가지며, 좌절을 쉽게 극복한다고 말한다.

내게 뭔가 이득이 생겼을 때가 아니라, 일상에서 일어나는 사소한 일에 진심으로 감사하는 마음을 느껴보자. 사고로 목숨을 잃은 사람을 생각하면 오늘 하루가 주어짐도 감사할 일이다.

한 때 '엄친아', '엄친딸'이라는 말이 유행했다. 엄마 친구 아들이나 딸은 한 결 같이 예쁘고 공부도 잘하고 돈도 잘 번다. 이런 비교를 당할 때마다 기분이 어떤가? 내가 잘한다고 생각하다가도 상대적 박탈감을 느끼고 불평을 하게 된다.

우리보다 못 사는 나라의 국민들의 행복지수가 더 높다는 이야기를 많이 듣는다. 우리는 그들보다 잘 살지만 행복하다고 생각하지 않는다. 상대적 빈곤이 심하기 때문이다. 주변 사람들과 나의 차이가 불행을 만들어낸다. 그래서 비교는 불행을 자초하는 것이다.

지호는 뭐하나 나무랄 것이 없는 친구였다. 남들이 봤을 때는 모든 것을 가진 친구라고 생각할지도 모른다. 예의바르고 꼼꼼하고 책임감이 강해 여러 선생님들에게 인정받았다. 운동도 잘했고, 탁월한 리더십으로 교우관계도 좋았다. 게다가 공부도 잘했다. 여기까지 들으면 딱 '엄친아'다.

하지만 그런 지호도 마음 한 구석은 늘 불안했고, 그 불안감은 결국 자신감을 갉아먹었다. 객관적으로 지호의 성적은 아주 상위권이었다. 하지만 이상하게도 사람의 심리는 나보다 못한 사람과 비교하지 않는다. 지호도 자신보다 더 공부를 잘하는 친구들과 스스로를 비교했고, 고등학생 시절 내내 어둠의 그림자를 벗어나기 힘들었다.

졸업 후 지호가 말했다.

"기대했던 대학에 들어가지 못해서 처음엔 많이 힘들었어요. 그런데 생각을 조금만 바꾸자, 마음이 편해졌어요. 그때 경쟁하던 친구들과 떨어지니 오히려 제 자신이 보이는 것 같아요."

남과 비교하는 순간 자신의 진짜 모습을 볼 수 없게 된다. 남들은 지호의 성실함과 책임감을 아주 높이 평가했지만, 정작 자신은 그런 자신의 가치를 몰랐다.

우리는 내가 가진 능력을 낮게 평가하는 경향이 있다. 남과 비교하지 않게 되자 자신의 장점을 볼 수 있게 되었다는 지호처럼 내가 가진 것에 감사한 마음을 가져보자.

타인에 대한 감사한 마음보다 더 중요하지만 잊고 사는 것이 있다. 바로 자신에 대한 감사와 존중이다. 스스로에 대해 감사할 줄 아는 사람은 자신을 함부로 대하지 않는다.

한 라디오 방송에 나온 사연이다. B씨는 열심히 일하고 검소하게 생활하는 직장인이었다. 그는 자신이 번 돈으로 부모님 선물을 사드리는 것은 괜찮은데, 자기 자신에게 쓰는 건 너무 아깝다고 털어놓았다. 커피 한 잔은커녕 제대로 된 옷이나 생필품을 사는 것조차 힘들어했다. 척박한 우리 사회의 단면이 그대로 드러나 더 안타까운 사연이었다. 그에게 건넨 MC의 답변은 이러했다.

"B씨는 아주 가치 있는 사람입니다. 자신을 조금 더 사랑해보세요. 누구보다 열심히 일하고, 노동의 가치를 아는 사람입니다. 스스로를 대접할 줄 알아야, 다른 사람도 나를 존중해줍니다. 오늘은 꼭 집에 돌아가는 길에 자신을 위해서 선물을 사세요. 예쁘게 포장도

하고요."

선호는 우리 반에서 키가 제일 컸다. 체격도 제법 있는 편이라 모르는 사람이 보면 학교 짱이라고 해도 믿을만했다. 어느 날 선호가 찾아왔다.

"저는 얼굴도 못생겼고, 덩치만 컸지 행동도 둔하고 공부도 못해요."

선호는 180cm가 훌쩍 넘는 큰 키에도 불구하고 늘 어깨와 허리가 구부정했다. 이목구비도 어디 하나 부족한 부분이 없었지만, 표정에는 자신감이 없었다. 심지어 선호는 자신의 큰 키도 단점으로 보았다. 물론, 선호는 남을 잘 배려할 줄 알았지만 그보다 중요한 것은 자신을 사랑할 줄 아는 마음이었다.

거울을 보자. 자신의 장점을 찾고, 그에 대해 감사한 마음을 가져보자. 나는 충분히 존중받을만한 가치가 있다. 스스로를 존중할 줄 아는 사람만이 다른 사람에게도 존중받을 수 있다.

감사하는 마음도 학습된다. 매일 조금씩 마음을 변화시키는 것만으로 내 삶이 크게 달라진다면 해볼 만하지 않을까?

불우한 어린 시절을 극복한 오프라 윈프리는 어릴 때부터 매일 감사할 일을 찾아서 기록했다고 한다. 그녀는 사생아였고, 성폭행을 당했으며 14살에 미혼모가 되었고 아들을 잃었다. 그런 환경에서도 그녀는 매일 감사한 일을 찾았다.

자신의 이름을 내건 〈오프
라 윈프리 쇼〉로 전 세계 사람
들에게 웃음과 감동을 선사하
면서 세상에서 가장 영향력 있
는 여성으로 꼽히는 그녀는 자
신의 성공비결이 감사 일기에
있다고 말한다.

매일 3가지씩 감사한 일을
찾아서 적어보자. 단순해 보이
는 이 습관이 여러분의 인생을
바꿀지도 모른다.

감사일기 쓰기

감사한 마음을 갖는 것은 상대가 아닌 나 자신을 위해서이다. 하
루를 보내고 일기를 쓸 때 기분 나쁜 일만 잔뜩 기록한다면, 어떤 기
분으로 하루를 마무리하게 될까?

순간적으로 화가 난 일도 차분히 생각해보면 별 것 아닌 경우가 더
많다. 사소한 것에 감사하는 마음은 분노와 화를 잠재우고, 마음이
평온해지며, 긍정적인 마인드로 하루를 마무리할 수 있게 해준다.

감사일기, 어떻게 쓰면 좋을까?

1)작은 노트를 한 권 준비한다. 거창하게 시작할 필요는 없다. 하

루에 단 몇 줄이면 충분하므로 손쉽게 꺼내 볼 수 있는 노트로 준비한다.

2)매일 날짜를 기록하고, 오늘 하루 있었던 일 중에서 감사한 일을 적어본다. 아주 사소한 일도 좋다. 짧게 한 문장이면 된다. 너무 길게 잘 쓰려고 하면 습관들이기가 어렵다.

3)문장은 '감사합니다'로 끝내자.

4)매일 3가지 이상 적어보자. 처음에는 찾기 어려울 수도 있다. 하지만 며칠만 해보면 점점 감사한 일이 늘어난다.

5)하루에 한 가지는 스스로에 대해 감사한 일을 적어보자. 자존감이 높아지고 자신감이 생긴다.

예) 고등학교 2학년 지우의 감사일기

2015년 11월 13일

1)오늘 수학 시간에 졸지 않았습니다. 감사합니다.

2)집에 오니 엄마가 야식으로 맛있는 새우튀김을 해주셨습니다. 감사합니다.

3)연습장에 그린 캐릭터를 보고 친구들이 칭찬해주었습니다. 내게 미술적 재능이 있는 것 같습니다. 감사합니다.

2015년 12월 1일

1)아침에 알람 소리를 듣기 전에 일어났더니, 상쾌합니다. 감사합니다.

2)체육시간에 축구 경기를 할 수 있었습니다. 감사합니다.

3)반곱슬인 머리카락이 나와 잘 어울리는 것 같습니다. 감사합
니다.

여기까지 따라오는 동안 꿈에 대한 방향을 어슴푸레 찾았는지 모르겠구나. 네 꿈이 뭔지 답을 찾으라는 게 아니야. 왜 꿈을 찾아야 하며, 어떻게 찾아야 할지, 어떤 꿈을 꾸어야 할지에 대한 느낌을 갖게 되었다면 그걸로 충분하다고 봐.

너희들 중에는 처음부터 확실한 꿈이 있어서 그 꿈을 더 탄탄하게 다지게 된 친구도 있을 테고, 책을 읽는 도중에 어렴풋이 꿈에 대한 생각을 가지기 시작한 친구도 있을 거야. 그리고 아직도 꿈이 뭔지 모르겠다고 말하는 친구도 있겠구나.

세상에는 꿈보다 더 중요한 것들이 많단다. 지금 꿈이 있는 친구도, 없는 친구도 앞에서 말한 5가지 키워드를 명심했으면 좋겠어. 신념, 열정, 몰입, 도전, 감사를 말이야. 이런 마음가짐은 꿈이 있는 친구들에겐 꿈에 날개를 달아주고, 아직 꿈을 찾지 못한 친구들에게도 값진 인생을 안겨줄 거야.

인생에서 가장 중요한 가치는 무엇일까?

선생님은 너희들이 자신만의 인생에서 행복을 찾았으면 좋겠구나. 먼 훗날의 행복이 아닌, 지금 당장의 행복을 말이야.

행복은 앞만 보고 나아가는 것이 아니야. 등산을 하면서 주변 풍경을 돌아봐야 진정한 맛을 느낄 수 있듯이, 앞으로 나아가는 여정을 즐길 수 있길 바란다.

오늘 밤에는 꼭 생각해봤으면 좋겠다.

나는 얼마나 긍정적으로 세상을 바라보는지, 나 자신을 얼마나 믿어주고 있는지.

나는 어떤 일을 할 때 내적 만족감을 느끼는지.

여태 살아오면서 몰입한 경험이 있었는지. 그 때 기분은 어땠는지.

나는 얼마만큼 도전 정신을 가지고 있는지. 거절이나 실패에 대한 두려움이 나를 막고 있지는 않은지.

마지막으로 세상에 감사한 일들을 생각해보자. 그리고 평소에 얼마나 감사한 마음을 갖고 있지 않았는지도 반성하면서 말이야.

남과 비교하며 다른 곳을 바라보는 시간에 나 자신을 좀 더 돌아봐주는 것이 훨씬 중요한 일이 아닐까. 우리 모두 가치 있는 존재라는 사실을 잊지 마.

1. 나를 믿는 '신념'

1)매일 나의 꿈을 생생하게 상상하라.

  A. 나의 꿈을 소중히 여기게 된다.

  B. 무의식 속에 '내 꿈이 아주 중요한 일'이라는 것을 각인시킬 수 있다.

  C. 무의식이 내 꿈을 이루기 위한 방법을 끊임없이 모색한다.

  D. 실행할 수 있는 힘, 의지력이 생긴다.

2)긍정적 마인드

  A. 부정적인 생각의 예

    - '일어나기 싫다.'

    - '이번 시험에서 성적이 더 떨어지면 어쩌지?'

  B. 부정적인 생각을 하는 순간 무의식은 우리의 꿈이 절대 불가능하도록 작동한다.

  C. 뼛속까지 할 수 있다는 자신감으로 자신을 믿는 것이 신념이다.

2. 지치지 않게 해주는 '열정'

1)열정은 의지력으로 생기지 않는다.

2)내적 동기에 의해 보상 받을 때, 열정이 생긴다.

3)내적 동기에 의한 보상 : 어떤 일 자체에서의 성취감

3. 재능을 계발시켜주는 '몰입'

1)잡념이 모두 사라지고 한 가지 주제에 온전히 정신을 집중하는 것

2)과학자, 수학자와 같은 학자뿐만 아니라 예술가, 운동선수, 기능인에게도 재능을 개발하는 중요한 영역

3)몰입의 긍정적인 효과

  A. 능력을 최대한 끌어올릴 수 있다.

  B. 행복감과 자신감을 느낄 수 있다.

  C. 자긍심이 높아지고 긍정적인 삶의 자세가 생긴다.

4)학습에서 몰입 능력을 키우는 방법

  A. 목표를 잘게 쪼개어 성취를 바로 확인한다.

  B. 내 수준보다 약간 더 높은 난이도의 과제에 도전한다.

4.한계를 뛰어넘는 '도전'

1)'No'라는 말을 들었다고 포기하지 말자.

2)실패는 계획을 수정해야 하는 과정일 뿐이다.

3)불가능이라는 단어를 떠올리지 말고 퇴보의 길을 만들지 말자.

5.행복으로 가는 '감사'

1)진짜 행복은 사소한 것에 감사할 줄 아는 마음에서 나온다.

2)감사하는 마음을 가진 사람들은 스트레스를 적게 받고, 긍정적인 마인드를
  가지며, 좌절을 쉽게 극복할 수 있다.

3)타인과 비교하지 않으면, 자신이 가진 것에 감사할 수 있다.

4)스스로를 존중하자.

5)매일 3가지씩 감사일기를 쓰자.

5장

진로체험과
직업

1
자유학기제 진로체험

2013년 2학기부터 시범운영에 들어갔던 자유학기제가 2016년부터 전면 시행된다. 자유학기제는 학생들이 자기성찰을 통해 스스로 미래를 탐색하고 설계할 수 있는 기회를 제공하는 것에 그 목적이 있다. 특히, 주목할 것은 교육과 연계된 진로 체험활동이다.

교실에 앉아 지식만 주입하는 교육에서 벗어나 현장에서의 생생한 체험으로 자신의 적성과 흥미를 들여다볼 수 있는 기회이다. 앞에서 누누이 강조했지만, 경험을 바탕으로 자신에 대해 생각하는 시간은 진로 탐색에서 가장 중요하다. 하지만 일상에서의 경험으로는 직업 세계의 속성을 속속들이 알기 힘들다는 문제가 있다. 어떤 직업에도 장점이 있는 만큼 단점이 있기 마련이다. 나의 적성에 맞는 부분이 있는가하면 일정 부분은 스트레스로 작용하는 면도 있다. 직업 밖에서 볼 때는 어떤 직업이든 장점 밖에 보이지 않는다. 실제로 나에게 맞지 않는 부분을 파악하기 힘들다. 하지만 진로 체험을 통해 현장에 들어가면 나에게 적합한 점과 그렇지 않은 점을 발견할 수 있다. 그리고 나는 어떤 것을 즐기고, 어떤 부분을 용납할 수 없는지 나의 새로운 면을 발견할 수도 있다. 그런 점에서 자유학기제의 진로체험은 아주 중요한 경험이다.

실제로 자유학기제 연구학교에서는 증권거래소, 한국 소비자 보호원, EBS 일일 방송체험 등의 개인적으로 접하기 어려운 직업 현장을 제공하였다. 이런 사례를 보면 꽤 괜찮은 기회로 보인다. 하지만 아무리 좋은 프로그램이라도 효과를 거두기 위해서는 개개인의 철저한 준비와 노력이 필요하다.

자유학기제 진로체험도 제대로 된 사전조사와 마음가짐, 그리고 체험 후의 피드백이 없다면 아무런 수확 없이 '경험했다'라는 사실 하나로 끝날 가능성이 매우 농후하다. 그렇다면 어떻게 준비하고 기회를 활용해야 할까?

첫째로, 가장 중요한 것은 마음가짐이다. 내 꿈의 주인, 내 인생의 주인은 '나'라는 주체 의식을 놓쳐서는 안 된다. 분명 우리에겐 많은 선택의 기회가 생길 것이다. 친구를 따라가거나, 학교나 부모님이 시키는 활동으로 그 시간을 소비하는 것은 내 꿈과 나의 적성을 발견하는데 아무런 도움이 되지 않는다. 평소에 내가 관심을 가졌던 분야와 관련된 직업을 잘 모색하여 나의 적성을 확인하는 기회로 삼자.

두 번째로 '나'의 진로체험이 되기 위해서는 '나만의 로드맵'이 필요하다. 분명 꿈의 재료인 경험을 많이 쌓는 것은 중요하다. 하지만 무조건 많이 경험한다고 능사는 아니다. 방향을 가늠할 지도가 필요하다.

내가 관심 있는 분야에 대해 적어보자. 여태까지 살아오면서 겪었던 일들을 떠올리며, 흥미 있었던 활동들을 모두 적는다. 이때는 아무런 제약을 두지 않고 떠오르는 대로 적는 브레인스토밍을 활용하여 마인드맵을 그려보면 좋다.

그리고 각 활동들과 연계된 직업군을 찾아보고 기록해둔다. 현재 없는 직업이라도 상관없다. 직업과 연결시키기 모호한 활동이라도 상관없다. 그렇게 나의 적성에 대해 기록하다보면 전혀 관계없는 적성이 모여 '나만의 직업'을 만들어낼 수도 있다. 더불어 평소에 관심 있었던 진로에 대해서도 기록해본다. 이 로드맵을 토대로 체험해볼 분야를 결정한다.

진로체험 후의 기록은 더더욱 중요하다. 체험하는 동안 느꼈던 기분과 떠오른 생각들을 모두 정리해둔다. 생각지도 못한 부분에서 새로운 흥미를 느꼈을 수도 있고, 당연히 잘 할 거라고 기대했던 활동이 실망스러웠을 수도 있다. 이 모든 것을 기록해두면 나만의 로드맵이 되어 '진짜 꿈'을 찾는데 도움이 된다.

기록이 쌓이다보면 특히 가지가 많이 뻗어나가는 분야가 생긴다. 나중에는 그 분야에 대해 더 파고 들어가면 된다.

셋째로 마음의 여유를 가져야 한다. 꿈을 찾는 여정은 단기간에 성과를 낼 수 있는 영역이 아니다. 한국인들 특유의 '빨리빨리'를 외치며 불안해하지 말자. 자유학기제는 중학교 한 학기동안 시행되는데, 사실 미래를 설계하기에는 터무니없이 짧은 기간이다. 게다가 아직 '나'에 대해서도 잘 알지 못하는 시점에서 체험을 하라고 떠밀릴 가능성이 높다.

지금은 꿈을 완성하는 시기가 아니라 꿈에 대한 탐색이 시작되는 시기임을 잊지 말자. 진로 체험을 하는 한 학기 안에 모든 것을 결정하라는 것이 아니라, 앞으로 두고두고 사색할 수 있는 경험을 시작해보자는 의미로 받아들이자.

이제 시작일 뿐이다. 길게 바라보고 호흡을 조금 늦추자. 성과에 집착하지 말고 다양한 경험의 기회를 얻었다는 것에 만족하고 충분히 기록해두자.

넷째, '지금 여기'를 명심하자. 현재를 소홀히 보내지 말라는 뜻이다. 내가 호기심이 있던 분야에 지원하여 체험을 하러 갔지만, 전혀 생각지도 못했던 면에서 나와 맞지 않을 수도 있고 실망할 수도 있다. 하지만 그렇다고 '이건 아니다'라는 생각으로 그 시간을 대충 때우지는 말자는 것이다.

'나와 맞지 않다'는 것은 '나와 맞다'는 사실보다 더 중요하다. 특히, 내가 찾아간 곳에서 생각지도 못했던 면을 발견했다는 것은 나에 대해 알 수 있는 절호의 기회다.

앞에서도 말했지만, 모든 직업에는 좋아 보이는 화려한 면도 있지만, 드러나지 않는 단점도 있다. 장점은 굳이 노력하지 않아도 알고 있는 경우가 많다. 하지만 나와 맞지 않는 점은 직접 현장에서 부딪치지 않으면 알기 어렵다. 직업 체험을 할 수 있는 좋은 기회가 왔다면, 내가 잘 알지 못했던 다른 부분을 살펴보아야 한다.

체험 후 어떤 부분이 나와 맞지 않았는지, 내가 감당하기 힘들었는지에 대해 로드맵에 기록해둔다. 그리고 단번에 버리기 보다는 우선순위에서 조금 미뤄둔다.

시간낭비라고 생각할 필요가 없다. 체험해보았기에 나의 새로운 모습을 알 수 있었던 좋은 기회다. 관심분야가 아니더라도 여기서 경험한 것이 다음에 결정적으로 필요하게 될 수도 있다.

다시 한 번 강조하지만 모든 체험 후에는 반드시 기록을 남긴다. 나만 볼 수 있는 기록이면 충분하다. 각 체험의 장단점과 어떤 점이 좋았는지, 어떤 점이 힘들었는지. 혹은 그 직업군에는 어떤 적성이 필요하고, 앞으로 어떤 영역으로 공부를 더 해야 하는지 등을 기록하자. 물론, 잘 정리해두면 나만의 포트폴리오로 활용할 수도 있다.

마지막으로, 진로체험의 목표는 스펙 쌓기가 아니다. 우리는 모든 활동을 대학에 가기 위한 방편과 취직을 하기 위한 수단으로 생각하도록 길들여졌다. 그 결과가 무엇인지 아는가?

몇 년 전만 해도 학점관리를 잘하고 토익, 토플 등 각종 영어 점수를 따고, 자격증이 많으면 취직이 잘 되었다. 하지만 지금은 좋은 대학 박사과정을 마치고도 취업하기가 힘들다고 한다. 토익 만점은 넘쳐나고 있다. 이런 현실 속에서도 계속해서 다른 사람보다 하나라도 더 높은 스펙을 만들기에 혈안이 되어 있다. 하지만 그래도 취직은 어려운 형편이다.

한쪽에서는 이렇게 이야기한다. 스펙이 그렇게 좋은데 취직이 안 된다고 사회를 탓한다. 어느 정도 사회의 책임이 있는 것은 분명하다. 하지만 과연 사회만의 문제일까?

다른 사람과 경쟁하며 1점이라도 높이기 위해 스펙 쌓기에만 급급한 당신, 할 줄 아는 게 무엇인가?

토익점수는 만점이다. 외국인과 자유자재의 대화도 가능하다. 하지만 토론은 불가능하다면? 대화에는 언어만 필요한 것이 아니다. 내가 구축하고 있는 지식으로 지혜를 쌓고 내 생각이 있어야 대화가 가능하다. 과연 영어를 잘한다고 해서 외국인과 세계 경제에 대해 토론할 수 있을까?

컴퓨터를 전공하고 각종 컴퓨터 관련 자격증을 땄다. 회사에서 필요로 하는 한글, 엑셀은 물론, 깔끔한 프레젠테이션 자료와 동영상, 애니메이션까지 만들 수 있다. 하지만 막상 컴퓨터의 구조나 원리에 대해서는 알지 못한다. 회사 일을 전체적인 안목으로 바라보지 못해, 어떤 자료를 만들어야하는지 알지 못한다. 앞으로 IT 세계가 어떻게 변해갈 것인지 예측하지 못하고, 지금 우리 기술로 무엇을 할 수 있는지도 모른다면? 기술은 있지만, 전혀 활용하지 못하는 '스펙'에 불과하다.

학교에서 하는 과학 체험활동, 진로 체험활동, 각종 글쓰기 대회에 참여해 입상하고도 자기 소개서 하나 작성하지 못해서 쩔쩔매는 학생들이 수두룩하다. 학창시절의 경험을 말해보라고 하면 끝도 없이 나오지만, 자신의 경험을 글로 표현하지는 못한다. 그때의 감정이 전혀 남아있기 않기 때문이다. '해보았다'는 사실 이외의 자기반성과 피드백이 전혀 없었기 때문이다.

이래도 과연 우리가 취직을 하지 못하는 이유는 스펙이 높은 사람이 많기 때문일까?

내 꿈을 찾고, 내 인생을 설계할 수 있는 기회조차 그저 스펙 쌓기로 지나치지 않았으면 한다. 자신의 필요성에 의해 사전에 철저하게 준비해서 시작한다면 진로체험은 아주 좋은 경험이 될 수 있다. 하지만 그저 남들 따라다니다 끝난다면 나에게 전혀 도움이 되지 않는, 결국 생활기록부에 '해보았습니다.'라고 한 줄 들어가는 스펙으로 끝나고 만다.

☆★ 진로체험 반성노트 ★☆

날짜	년 월 일 시간 :
체험 장소	
관련 적성	관련 적성에 대해 모두 써보고, 그 중 내가 흥미있는 분야에는 동그라미로 표시해둔다.
기대하는 것	활동 전, 이번 진로체험에 대해 어떤 기대를 가지고 있고, 왜 가고 싶었는지, 무엇 때문에 흥미가 있는지에 대해 구체적으로 작성한다.
좋았던 점	활동 후, 기대에 부합했던 점을 기록. 생각지 못했던 장점을 구체적으로 기록한다.
실망했던 점	활동 후, 생각했던 점과 달라서 실망한 부분에 대해 기록한다.
새롭게 알게 된 점	이 직업에 대해 새롭게 알게 된 점을 구체적으로 기록한다.
직업가치관 도표	직접 경험한 후, 직업 가치관을 도표로 그려보자. (다음 장을 참고하자)

2
나의 직업 가치관을 파악하자

　몇 달 전 직업만족도가 높은 10개의 직업을 소개한 TV 프로그램을 보았다. 꽤 놀랐던 점은 상위 10개 직업에 우리가 생각하는 소위 '좋은 직업'은 거의 없었다는 것이다. 대부분이 박봉이고 봉사정신이 필요하며 힘들 거라고 생각하는 직업이었다. 당연히 연봉과 비례하지도 않았다.

　청소년들이 진로를 선택할 때 가장 많이 고려하는 것은 직업의 안정성과 높은 연봉, 사회적 명예가 아닐까 싶다. 물론, 부모님이나 환경의 영향을 많이 받았기 때문이라고 생각한다. 하지만 직장 만족도는 그런 가치관과는 전혀 무관했다.
　한국인들의 직장 만족도는 매우 낮은 편이다. 청소년들이 꽤 선호하는 직업 중 하나인 교사의 실제 만족도는 OECD 국가 중 가장 낮다는 뉴스도 나왔다. 이 말은 그만큼 우리가 어떤 직업에 대해 속속들이 알지 못한다는 뜻이다.

진로를 선택할 때 '나는 어떤 가치관을 선호하는가?'에 대해 신중하게 생각해볼 필요가 있다. 우리나라 직장 만족도가 낮은 것은 부모님이 원하는 직장에 들어갔거나, 가치관에 대해 생각해보지 않았기 때문만은 아니다. '직업 가치관'이라는 것이 직접 부딪치지 않으면 잘 알기 어렵기 때문이다. 그래서 더더욱 신중한 고민이 필요하다.

직업 가치관에는 돈, 명예, 안정성, 봉사, 자아실현 등이 있다.

'돈'을 잘 버는 직업에 대한 선호 경향은 높으면서도 한편으로는 '돈'을 너무 밝히면 속물스럽다는 부정적인 생각도 한다.

물론, 돈이 우리 삶의 전부는 아니지만 어느 정도는 중요하게 생각해야 하는 부분이다. 내가 노력한 만큼의 대가를 얻지 못할 때, 만족감을 느끼기 어렵다. 무엇보다 노동으로 내 삶의 경제력을 지탱할 수 있어야 한다는 것은 사실이다.

'돈만 많이 벌 수 있는 직업'보다 중요한 것은 내가 즐길 수 있는 일이여야 한다. 하지만, 어느 정도의 생활을 보장받고 싶은지에 대한 최소한의 기준을 설립하는 것은 필요하다. 사람마다 추구하는 삶의 형태가 다르기 때문에 어느 정도의 생활을 유지하고 싶은지에 대해 고민해봐야 한다.

명예가 따르는 직업은 사회적 영향력이 큰 직업이다. 주로 사회의 중요한 결정을 내릴 수 있는 위치이다. 자본주의 사회에서는 '부가 따르는 직업'이 '명예직'인 경우도 많다. 하지만 명예직은 많은 수입보다 사람들의 존경에 더 가치를 둔다.

고위 공무원이나 교수, 판사 등 사회적 존경을 받는 명예직의 경우 청렴한 성품과 절제된 삶이 요구된다. 사회 고위층에 있는 사람들이 '돈'이라는 가치를 먼저 추구하다보면 사회가 부패되고 각종 문제들이 생겨나기 때문이다. 화려한 삶을 추구하는 사람이라면 갑갑하게 느낄 수도 있다. 가령, 고위 공무원은 돈이 많더라도 값비싼 외제차를 타고 다니면 눈총을 받을 수 있으니, 자신의 성향을 잘 생각해보자.

경기가 어렵고 취업이 힘든 요즘과 같은 사회에서는 '안정성'도 중요한 기준이다. 이는 정년을 보장받을 수 있는 직업을 말한다. 가늘고 길게 갈 수 있는 직장이다. 대체로 수입은 적다. 하지만 오랫동안 일할 수 있고, 연금 제도가 좋다.

하지만, 언제까지 이런 '안정적'인 직업이 존재할지는 의문이다. 사회는 점점 능력 중심으로 변해가고 있고, 직업의 유동성이 매우 커지고 있다. 이미 연금 제도는 예전만 하지 못하고 철밥통이라 불리는 공무원이나 교사도 '안정성'의 위협을 받는 날이 곧 올 것으로 예상된다.

구조조정으로 인한 해고에 관한 뉴스를 들으면 노후가 보장되는 직업에 혹하기 싶다. 하지만 나의 성향에 대해 생각해볼 필요가 있다. 안정적인 직업의 장점은 무엇보다 잘릴 위험이 없다.

하지만 동시에 보수적인 집단이고 시키는 일만 잘하면 되는 집단이며, 권위적인 집단이 많다. 특히, 일을 더 효율적으로 개선하거나, 창의력을 발휘하여 새로운 것을 만드는 등의 열정을 발휘하기 어려울 수 있다. 그리고 정체된 집단 속에 동화되어 초임 시절의 열정이 사라지는 건 시간문제가 된다. 내가 무언가를 만들거나 개선해서 성취감을 느끼는 사람이라면 꽤 답답한 직장이 될 수도 있다.

봉사 정신이 요구되는 직업은 의외로 직업 만족도가 높은 편이다. 아무래도 적성에 맞지 않다면 쉽게 도전하기 힘든 분야이기 때문이다. 그만큼 자신이 진짜로 원해서 일을 하는 사람들이고, 그런 일을 하는 사람들은 다른 보상이 부족하더라도 자기 직업에서 행복감을 많이 느낀다.

마지막으로 가장 중요한 것이 자아실현을 할 수 있는 기회의 유무이다. 청소년기에 진로를 선택할 때 가장 간과하기 쉬운 가치관이다. 하지만 직업 선택에 있어서 가장 중요하게 고려해야 하는 점이다.

사람들이 자기 직장에 만족하지 못하는 이유는 다양하다. 회사 내의 인간관계 문제부터 보수, 업무 과다, 잦은 야근 등이 있다. 하지만 그런 이유로 직장을 쉽게 관두지는 않는다. 가장 치명적으로 직장생활에 불만족이 생기는 것은 자아실현을 할 수 없을 때이다.

매슬로우의 욕구 단계 이론에서 가장 최상위에 있는 것이 자아실현이다. 처음에는 별로 중요하지 않아 보이지만 우리는 누구나 자신을 드러내고 싶어 하고, 좀 더 나은 사람이 되고자 하는 욕구를 가지고 있다. 직장 일이 아무리 힘들어도 내가 성장하고 있다고 느낄 때는 만족감이 높다. 하지만 위에서 지시하는 일만 수행하면 되는 직책에서는 일은 쉽지만 오히려 불만이 커진다.

진짜 하고 싶은 일을 찾되, 나의 능력을 최대한 발휘할 수 있고 앞으로도 계속해서 성장할 수 있는 직업이 내게 맞는 길이다.

직업가치관
나는 어떤 가치관을 선호하는가?

자신의 진로로 고민하고 있는 분야나 직업에 대해서 직업 가치관 도표를 그려보자. 앞에서 말한 5가지의 직업 가치관이다.

각 직업마다 선호되는 가치관이 다르다. 다음과 같이 직업 가치관 도표를 그려보면, 각 직업이 어떤 가치관을 선호하는지 한 눈에 알 수 있다.

선호도가 높은 가치관은 반지름이 큰 원에 표시하고, 선호도가 낮은 가치관은 반지름이 작은 원에 표시하여 직선으로 잇는다.

여기서는 교사와 무명 연예인의 경우로 만들어 보았다. 개인이 바라보는 관점에 따라 조금씩 달라질 수 있다.

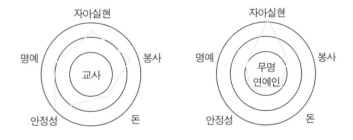

이번에는 자신은 어떤 직업 가치관 도표를 원하는지 그려보자.

3
미래의 유망직업

미래를 점친다는 것은 꽤나 어려운 일이다. 그럼에도 미래는 늘 궁금하다.

부모님 세대만 해도 시대의 변화가 느렸기에, 충분히 미래에 유망한 직업을 짐작할 수 있었다. 하지만 지금은 다르다. 변화 속도는 이전에 비해 정말 빨라졌고, 점점 더 빨라지고 있다. 인간의 능력은 어디까지인지 궁금할 정도로 상상하던 일들이 현실화되고 있다.

이렇게 변화무쌍한 사회에서 직업백과 사전은 아무런 의미가 없다. 지금도 사라지고 있는 직업, 새로 생겨나고 있는 직업들이 너무 많다. 직업의 생명도 짧아지고 있다. 예전처럼 한 직종에 평생 종사할 확률은 거의 제로에 가깝다.

하지만, 우리는 미래에 대해 여전히 궁금하다. 미래에는 어떤 직업들이 유망할까.

단적으로 말해서 내가 진짜 좋아하는 일이 앞으로의 유망 직종이다. 점점 직업들 간의 좋고 나쁨의 기준이 사라지고 있다. 가령, 예전에는 의사가 되기만 하면 높은 수입이 보장되었지만 지금은 의사 나름이다. 잘 버는 의사는 더 잘 버는 반면, 문을 닫는 병원도 늘어나고 있다. 변호사도 마찬가지다. 반면, 자신만이 할 수 있는 일을 찾아 그 누구의 간섭 없이 일하는 1인 기업가들은 자유로운 시간을 누리면서도 고소득자가 되었다. 같은 프리랜서라도 잘나가는 사람이 있고, 그렇지 못한 사람이 있듯이 말이다. 앞으로는 모든 직장이 그렇게 변한다. 의사라서 돈을 잘 벌고 공무원이라서 못 버는 게 아니라, 같은 의사 직종 내에서도 수입의 차이가 극명하게 나타나고, 같은 공무원 내에서도 차이가 나게 된다. 같은 직종에서 더 높은 연봉을 받는 사람은 떠밀려온 사람이 아닌 자기가 진짜 하고 싶은 일을 하는 사람이다.

이제 '사'자 직업이 인기 있는 세상은 지났다. 어느 분야든 나의 능력을 최대한 발휘하는 사람이 고소득을 받게 되는 진정한 능력 사회가 될 것이다.

그렇다면, 유망한 직업보다는 미래에 과연 어떤 직업이 생길까 하는 상상을 해보자.

미래에는 다음 세 가지 키워드가 중요해질 것으로 보인다.

1)감성

2)공학

3)콘텐츠

먼저 감성부터 이야기해보자.

2016년에는 애플에서 아이폰7을 출시한다. 출시 몇 달 전부터 이번 제품에서 어떤 기능을 선보일지 애플 마니아들의 추측이 난무하다.

매년 전자기기 회사들은 새로운 제품을 선보인다. 해마다 업그레이드되는 기기들은 계속해서 신기한, 그리고 편리한 기술들을 보인다. 예전에는 영화 같은 일이 현실이 되는데 꽤나 시간이 걸렸는데, 이제는 영화 속 이야기가 현실이 되는데 1년도 채 걸리지 않는 것 같다.

이렇게 기술의 발달로 생활은 점점 편리해지고 있다. 하지만 그 속에서 또 다른 목소리가 들린다. 기계가 발달할수록, 우리는 아날로그 감성을 더욱 필요로 한다. 예전에는 기계를 생활에 편리함만 가져다주면 충분한 것으로 생각했다. 물건을 선택할 때는 '기계의 스펙'만 비교하면 됐다. 하지만 지금은 감성이 제품의 품질 못지않게 중요한 것이 되었다. 감성이 빠진 제품은 더 이상 관심을 받지 못한다.

점점 디자인이 중요해지고, 소통이 중요해진다. 손쉽게 쓸 수 있는 컴퓨터를 두고, 직접 손으로 쓰는 필사에 빠지는 이유 역시 바로 아날로그 감성을 원하기 때문일 것이다.

앞으로 과학과 기술은 더욱 빠른 속도로 발전할 것이고, 우리는 그 안에서 사람 냄새를 더욱 그리워하게 될 것이다.

기계가 우리의 노동 영역을 침범하고 있지만, 사람이 아니면 할 수 없는 일 또한 계속해서 생겨난다.

외과 수술은 기계가 의사를 대신 할 수 있지만, 사람의 마음을 이해하는 일은 기계가 할 수 없다. 지식을 가르치는 것은 기계가 대신할 수 있지만, 누군가의 상처를 어루만져 주는 것은 기계가 할 수 없다.

기계가 대신할 수 없는 사람이 하는 일. 기계가 줄 수 없는 감성을 자극하는 일, 인간미가 필요한 일이 미래에서는 더욱 각광받게 되지 않을까.

앞으로는 공학도나 과학자에게도 인문학적, 예술적 재능이 필요할 것으로 생각된다.

두 번째로 공학은 누구나 예상할 수 있는 키워드이다. 대학 진학에 공대가 뜨기 시작한 것은 이미 오래된 일이다. 공학은 분명 앞으로도 더욱 발전할 것이다. 공대의 인기는 계속되지만, 전공에 따른 인기는 계속해서 변하고 있다.

예전에는 컴퓨터나 기계, 항공이나 조선해양 등의 분야가 인기였다면 앞으로는 친환경, 우주 산업, 뇌 과학과 관련된 분야가 더 유망할 것으로 보인다.

다음은 KISTI에서 발표한 2015년 11개 분야의 미래유망기술이니
참고해보자. 놀라운 점은 2014년의 발표 자료와 대부분 다른 영역이
라는 점이다. 그만큼 기술의 발전이 빠르다는 말 아닐까?

미술 교사인 친구가 미술 시간에 만든 작품이라며 동영상을 보내
왔다. 꽃 모양으로 생긴 예쁜 조명이었는데, 마이크가 연결되어 "아"
하고 소리를 내면 조명에 불이 들어오는 작품이었다.

아두이노를 이용하여 만들었다고 한다. 공학과 감각 있는 디자인
의 결합이었다.

요즘 미술 전시관에 가면 작은 전구나 카메라, 빛 등을 이용하여
만든 작품들이 많다. 예술가에게도 과학이 필요한 시대구나 싶다.

앞으로는 인문학자나 예술가에게도 과학이나 공학적 소양이 요
구될 것으로 예상된다.

세 번째로 콘텐츠에 대해 알아보자.

지금은 무슨 시대라고 했는가?

콘텐츠의 시대이다.

정보가 중요한 시대는 이미 끝났다. 지금은 정보의 가공이 중요한 시대다. 콘텐츠란 내가 알고 있는 정보를 모아 새로운 가치를 만들어내는 것을 말한다. 요즘은 어디를 가나 창의성이 중요하다고 강조한다. 평범한 사람과는 거리가 먼 느낌을 주는 창의성은 잊자. 누구나 가지고 있는 '자기 자신을 담아서 가치를 만들어낸 것'이 콘텐츠다. 나만이 할 수 있는 일, 나의 개성이 들어가 있는 일이다.

이미 제조업은 사라지고 있다. 모든 가정에서 3D 프린터를 가지고 필요한 물건을 집에서 직접 만들어 쓰는 시대가 곧 도래할 것이다. 이미 3D 프린터는 음식에서부터 건축까지 대부분의 물건을 만들어낼 수 있을 만큼 발전했다. 이제 대중화는 시간문제다. 심지어 4D 프린터에 대한 연구도 진행 중이다.

과거에는 토지나 공장을 소유한 사람이 지배층이었다. 앞으로는 독특한 콘텐츠를 가진 사람이 리더가 된다. 콘텐츠 시대에서는 남들이 할 줄 아는 것을 똑같이 잘하는 능력은 아무런 필요가 없어진다. 다른 누구도 대체할 수 없는 일, 나만이 할 수 있는 독특한 일을 만들어내는 것이 능력이다. 미래에는 '개천에서 용 나는 일'이 비일비재한 시대가 될 것이다.

간혹 '10년 뒤 유망 직업'이라는 키워드로 검색되는 정보들이 있다. 하지만, 그 리스트를 볼 때마다 실망스럽다. 현재에 바탕을 둔 추측은 이미 늦은 정보들이기 때문이다.

우리가 알아본 것도 키워드에 불과하다. 각자의 개성 하나하나를 살려 나만의 콘텐츠를 만들어 나가다보면, 가장 유망한 직업이 될 것이다. 스스로 가장 유망한 직업을 창조하게 될 것이다.

한/ 줄/ 요/ 약/

1. 자유학기제 진로체험

1)가장 중요한 것은 마음가짐이다. 내 꿈의 주인, 내 인생의 주인은 '나'라는
주체의식을 놓치지 말자.

2)앞으로 진로 체험 방향을 가늠할 '나만의 로드맵'을 그리자.

3)꿈은 단기간에 성과를 내야하는 영역이 아니다. 마음의 여유를 가지고 체
험에 임하자.

4)체험 활동 중에는 그 순간에 최선을 다하고, 직업의 드러나지 않는 속성
을 파악해보자.

5)모든 체험 후에는 반드시 '진로체험 반성노트'를 작성한다.

2. 나의 직업 가치관을 파악하자

1)돈: 사람마다 추구하는 삶의 형태가 다르므로, 나는 어느 정도의 생활을 보
장 받고 싶은지에 대한 기준을 설립한다.

2)명예: 명예가 따르는 직업은 청렴한 성품과 절제된 삶이 요구된다.

3)안정성: 노후가 보장되는 장점이 있는 반면 변화가 없는 보수적인 직장
이 많다.

4)봉사정신: 직업 만족도가 가장 높은 분야이다.

5)자아실현: 나의 능력을 최대한 발휘할 수 있고 그 속에서 앞으로도 계속해
서 성장할 수 있는 직장이 만족도가 높다.

3. 미래의 유망직업

1)내가 진짜 좋아하는 일이 앞으로의 유망 직종이다.

2)미래 유망 직업 3가지 키워드

A. 감성: 과학과 기술이 발전할수록 아날로그적인 감성의 수요가 높아지고 있다. 앞으로는 공학도나 과학자에게도 인문학적, 예술적인 소양이 필요하다.

B. 공학: 친환경, 우주 산업, 뇌 과학과 관련된 분야가 유망할 것으로 보인다. 또한 인문학자나 예술가들에게도 공학과 과학적 소양이 요구된다.

C. 콘텐츠: 자기 자신을 담아서 가치를 만들어 내는 것.

"애들아,
지금 행복한 인생을 살아라!"

이제 우린 꿈을 찾기 위한 긴 여정을 끝마쳤어.

지금까지 어떤 꿈을 꾸어야 하며, 꿈은 어떻게 찾아야 하는지에 관해 이야기를 해왔지만, 사실 선생님이 꼭 하고 싶은 말은 이거란다.

애들아.

지금, 행복한 인생을 살아라.

이 말이 하고 싶어서 이 책을 쓰기 시작했는데 여기까지 빙빙 돌아왔구나.

어떤 인생을 살 것인가에 대한 기준은 제각각이겠지만, 나는 항상 '행복'을 먼저 내세운단다. 그것도 미래의 행복이 아닌, 지금 현재의 행복!

많은 사람들이 지금 현재의 행복을 애써 참으며 살고 있어. 특히, 우리 부모님 세대는 더 했단다. 그들은 나이가 들었을 때, 좀 더 편하게 살 수 있도록 악착같이 일했고, 자기 자신보다는 자신의 아이를 풍족하게 해주려고 노력한 것이지.

하지만 우리 인생의 매 순간을 희생으로 보내는 것에는 의미가 없다고 봐. 우리가 계속해서 방황하고 있는 것은 내 인생에 대한 진정한 의미를 찾기 위해서가 아닐까.

과거에는 꿈이라고 하면 미래를 위한 것으로 정의되어 왔어. 하지만 그런 꿈은 역시나 현재의 희생을 강요하지. 나는 꿈을 새롭게 정의하고 싶어. 현재 하고 싶은 일을 찾아서 지금도 즐기고, 미래에는 더 키울 수 있는 것, 그것이 꿈이라고 말이야.

미래의 성공을 위해 큰 꿈을 꾸고, 지금은 재밌는 일들을 참으며 미래를 준비하라는 것이 아니야. 지금도 즐길 수 있고, 미래에도 계속해서 즐겁게 할 수 있는, 그런 너만의 꿈을 찾길 바란다.

진정한 꿈은 희생 위에 세워지는 것이 아니야. 내 인생을 좀 더 풍요롭게 만들어주는 것이 꿈이야.

나를 위한 꿈을 찾기 위해서는 필연코 자신에 대한 발견이 먼저 이뤄져야 해.

마지막으로『깊은 인생』에 나오는 인도 우화를 하나 들려줄게.

새끼를 밴 암호랑이 한 마리가 있었다. 호랑이는 오랫동안 굶주려 매우 지쳐있었다. 그 호랑이는 어느 날 염소 떼를 발견하고 필사적으로 달려들었다. 하지만 너무 지친 탓에 먹이를 잡기 위해 안간힘을 쓰다가 새끼를 낳고 그만 죽어버렸다. 뿔뿔이 흩어져 도망가던 염소들은 무슨 일인가 살펴보기 위해 죽은 호랑이 곁에 모였다. 그제야 자신을 쫓던 어미 호랑이가 죽었다는 사실을 알고, 불쌍한 새끼 호랑이를 데리고 다니며 키웠다.

염소를 따라다니며 자란 새끼 호랑이는 자신도 염소라고 생각했다. 염소처럼 "메에"하고 울었으며 풀을 먹고 자랐다. 당연히 제대로 뛰지도 못하고 점점 말라갔다.

새끼 호랑이는 사춘기가 되었다.

어느 날 커다란 호랑이 한 마리가 염소 떼를 덮쳤다. 염소들은 사방팔방 도망갔지만 비실한 새끼 호랑이는 도망가지도 못하고 멍하니 서있었다. 큰 호랑이는 새끼 호랑이를 보고 깜짝 놀랐다. 말라비틀어져 꼴도 말이 아니었고, 염소의 언어로 말을 했다. 사냥은커녕 도망갈 줄도 몰랐다.

큰 호랑이는 새끼 호랑이를 강가로 데려갔다. 새끼 호랑이는 난생 처음으로 물에 비친 자신의 모습을 보았다. 큰 호랑이는 자신의 얼굴을 그 옆에 가져다대고 말했다.

"이것 봐. 너와 나는 같지? 넌 염소가 아니라 호랑이야. 네 모습을 마음에 새기고 앞으로는 호랑이로 살아가거라."

새끼 호랑이는 자신의 진짜 모습을 처음으로 발견했다. 그 이후 새끼 호랑이는 염소가 아닌 호랑이라는 사실을 가슴에 새기고, 자신의 진짜 모습으로 살아갈 수 있게 되었다.

우리 인생의 가장 큰 숙제는 자신의 진짜 모습을 찾는 일이야. 꿈은 거대하고 아름다워야 하는 것이 아니야. 남들보다 큰 꿈을 가졌다고 우월감을 느낄 필요도, 소박한 꿈이라고 열등감을 느낄 필요도 없어. 꿈은 그저 자신의 진짜 모습을 찾는 것일 뿐이란다. 내가 염소가 아니라 호랑이라는 것을 깨닫는 것. 그것이 꿈이야.

최근 아들러의 심리학이 주목을 받고 있어. 아들러는 모든 인간은 행복해질 수 있다고 말해. 그 시작은 꿈, 자신의 진정한 내면을 찾는 일이라고 감히 말하고 싶어.

"네가 하고 싶은 일을 해"라고 말하면, 학생들은 순간 기분이 좋아지지만 한편으로는 그 말을 믿지 못하고 의심하기도 해. 제 3자이기 때문에 무책임하게, 쉽게 말한다고 여기지. 그러면서 부모님은 정말 나를 생각하기 때문에 좋은 학교와 안정적인 직장을 권한다고 생각해.

과연 그럴까.

과정에서 보면 부모님이 우리를 생각하는 마음으로 간섭하는 것은 맞아. 하지만 그 결과가 결코 나를 위한 결과로 이어지지는 않는단다.

부모님에게 자랑스러운 자녀가 되고 싶고, 타인에게 성공했다고 떳떳하게 서고 싶은 마음은 자연스러운 욕구야.

스스로 선택하고 결정하는 것보다 다른 사람의 기대에 맞춰 사는 것이 편할지도 몰라. 하지만 그렇게 남의 눈치를 볼 때마다 마음이 편했을까? 내 옷이 아닌 다른 사람 옷을 입고 있는 기분으로 평생을 살아가는 것은 자유롭지 못한 삶임은 분명해.

지금부터 미래까지,

매 순간의 행복한 삶을 위하여,

다른 누구의 삶이 아닌 내 인생을 위하여,

나를 관찰하고 나를 이해하고 나를 받아들이고 나를 꿈꾸길 바래.

꿈 많은 청소년들이 당당하게 자신의 주체적인 꿈을 꿀 수 있기를, 그래서 행복하기를 간절히 바란다.

진짜 나를 찾아 떠나는 여행
10대, 나만의 꿈과 마주하라

1쇄 2016년 4월 20일 **2쇄** 2016년 12월 24일

지은이 강다현
펴낸곳 글라이더 **펴낸이** 박정화
편집 최영진 김송이 **디자인** 디자인뷰 **일러스트** 안희원 **마케팅** 임호

등록 2012년 3월 28일 (제2012-000066호)
주소 경기도 고양시 일산동구 장백로 19 더루벤스카운티 340호 (우.10449)
전화 070)4685-5799 **팩스** 0303)0949-5799 **전자우편** gliderbooks@hanmail.net
블로그 http://gliderbook.blog.me/
ISBN 979-11-86510-26-1 43300

이 도서의 국립중앙도서관 출판예정도서목록(CIP)은 서지정보유통지원시스템 홈페이지
(http://seoji.nl.go.kr)와 국가자료공동목록시스템(http://www.nl.go.kr/kolisnet)에서 이용하실
수 있습니다.(CIP제어번호: CIP2016009166)

글라이더는 존재하는 모든 것에 사랑과 희망을 함께 나누는 따뜻한 세상을 지향합니다.